ロジカルに伝える技術

コミュニケーションの必須ツール
「エッセイ・トライアングル」を装備しよう

The Technique for Clear Expression
Equip with the Essay Triangle, the essential tool for logical thinking and global communication

大庭コテイさち子
Sachiko Oba-Coté

NTT出版

This book is dedicated to
Ko, Hiroko, and Don.

ロジカルに伝える技術　コミュニケーションの必須ツール「エッセイ・トライアングル」を装備しよう｜目次

はじめに……………………………………………………………………………003
ロジカルな表現の基本「エッセイ・トライアングル」／本書の特色／本書の読み方

第1章　グローバル・コミュニケーションの土台を作る……007

1. あなたの話はなぜ伝わらないのか……………………………………008
「エッセイ・トライアングル」との出会い／話の土台はトライアングル構造

2. 言語学習は異文化学習………………………………………………011
文化の中で生まれる言葉

3. 結論を先に、理由をあとに…………………………………………013
求心的な日本語vs遠心的な英語／遠心的な話法に変えてみよう／こうすれば伝わる、日本人の英語

4. 話の筋道を立てる……………………………………………………019
ビジネスに不向きな「起承転結」／「ドラマチック・ストラクチャー」の5部構成／「エッセイ」の歴史／あらゆる場面で使われるエッセイ形式

5. 米国の小学生が学ぶエッセイ形式習得までのステップ………………024
「サマリー」の練習／メイン・アイディアを考える／トピック文を作る／「ティーシス」に進化させる／初歩の話のまとめ方：ハンバーガー図／初歩のプレゼンの仕方：ショー・アンド・テル／ショー・アンド・テルの練習法／違いがあるから面白い

第2章　エッセイ・トライアングルを装備する❶……033
　　　　序論とティーシスをまとめる

1. エッセイ・トライアングルの全体像…………………………………034
エッセイ形式はすべての表現の基本／「序論・本論・結論」の三層構造／長い文章の場合／**コラム** 大人になってからの学習は効果絶大

2. 序論で相手の心をつかむ ……… 038
相手の心をつかむ導入とは？

3. ティーシスで相手の心をつかむ ……… 042
ティーシス＝最も重要かつ独自の論題／**コラム** もしティーシスがなかったら／ティーシスは定位置に／**コラム**「どう言うか」より「何を言うか」／よいティーシスを作るには？

4. ティーシスの必要条件 ……… 046
パデュー大学によるティーシス三条件／インディアナ大学によるティーシス四条件／ナローダウンする練習

5. 序論とティーシスを作る ……… 052
序論とティーシス作成の5つのステップ

6. ティーシスを評価する ……… 057
ティーシス基準に照らしてみよう／フックを考える

引用の知識　I ……… 058

第3章　エッセイ・トライアングルを装備する❷ ……… 063
本論と結論をまとめる

1. 議論の中身を見てみよう ……… 065
トピック文・議論・接着文

2. 議論を積み重ねて本論を作る ……… 066
本論構築の6つのステップ／議論の順序：「ディクレッシェンド型」と「クレッシェンド型」

3. ティーシスを言い換えた結論で締めくくる ……… 074
ティーシスに対応した結論を作る

4. ロジカルな文章にするためのテクニック ……… 076
旧情報と新情報の2つを含ませる／本論の新旧情報を分析する／新旧情報を確認と引用に応用する

5. それでもルール通りにいかない場合 ……………………………… 079
考えが変化したとき／情報を収集してから考えるとき／ティーシスを変更できないとき

6. 主観的な議論にしないためのテクニック ……………………… 081
立場が決められるとき／感情を切り離す訓練

7. プレゼンとスピーチに応用する ………………………………… 083
プレゼン用ソフトを使わない場合／プレゼン用ソフトを使う場合／効果的な発表の仕方

引用の知識 II …………………………………………………………… 088

第4章 6つの図を使って創造的に考える ……………… 095

1. 「創造性」の本当の意味 ………………………………………… 096
「創造的思考」とは型にはめて考えること／思考の方法は有限／**コラム** 解明が進む「考え方のパターン」／考え方の6つのパターン／**コラム** SWOT分析

2. 考えるパターン1：発想する …………………………………… 100
ドーナツ図／ブレインストーミング／**コラム** マインドマップで記憶を整理する

3. 考えるパターン2：分類する …………………………………… 106
樹形図／構造図

4. 考えるパターン3：比較する …………………………………… 111
比較図／比較表／ヴェン図

5. 考えるパターン4：原因・結果を見つける …………………… 115
リボン図

6. 考えるパターン5：順序立てる ………………………………… 117
フロー図／時系列表

7. 考えるパターン6：類似・相似を見つける …………………… 119
てんびん図

8. 独創的なアイディアとは? ... 121
既存のアイディアに学ぶ／「考える図」を組み合わせて考えよう
引用の知識 III ... 123

第5章 考える・まとめる・表現する ... 125

1. エッセイ構築の全体的な流れ ... 126
「考える図」を使って考え、「エッセイ・トライアングル」で文書を作成する

2. 「議論型（説得型）エッセイ」のスタートから完成まで ... 129
実際に課題を解いてみよう／**コラム** ゴールデン・サークルで考える

3. 効果的に質問し、効果的に答える ... 143
知りたい答えを引き出す質問の仕方／納得と信頼を得る答え方／すぐに答えが出ないとき／ロジカルに伝えるツールを使ってみよう

第6章 デジタル・メディアを活用する ... 151

Ⅰ部　練習問題 ... 153

Ⅱ部　本書で言及した参考資料 ... 162

おわりに ... 173
インタビューで再確認した「エッセイ・トライアングル」の大切さ

謝辞 ... 176

ロジカルに伝える技術

コミュニケーションの必須ツール
「エッセイ・トライアングル」を装備しよう

※第6章は、インターネット上でも利用できます。
インターネット上の第6章はデジタル6章（Digital Chapter 6）、略して
「DC6」と呼び、下のリンクから参照できます。
http://global-thinkers.com/DigitalChapter6/index.html

はじめに

ロジカルな表現の基本「エッセイ・トライアングル」

　エッセイ・トライアングルは、英語圏で使われているエッセイ形式とそのテクニックをシンプルに図式化したものです。日本語でも英語でも、まとまった話をするときにエッセイ・トライアングルを活用していただくと、いろいろとよいことが起こります。

　まず、要点が断然わかりやすくなります。言いたいことがすんなりわかってもらえます。そして、話がロジカルになるので、説得力のある提案や報告ができます。スピーチや小論文もうまくまとめられるようになります。

　さらに、エッセイ・トライアングルを使って書いた日本語は、それをそのまま英語に変換するだけで、よくわかる英文になります。「正確に訳したなら、よくわかる文になるのは当然じゃないか」と思われるかもしれませんが、ここが大事なポイントです。実は、日本語で自由に書いたものをそのまま英語にしても、説得力のある話にはなりません。わかりやすい文章にはロジカルな形があり、その形に沿って書かれたものは何語であってもよく伝わる話になるというわけです。

　では、エッセイ・トライアングルを用いずに考えた日本語の文章をそのまま英訳すると、どのように受け止められるでしょうか。実際に筆者が聞いたコメントの例を3つご紹介しましょう。

「日本人はまじめだが、話の構造がスパイラルでなかなか核心をつかない。一方、日本人と他のアジア人は、文章を読めばすぐに区別がつく」。こう言ったのは、ニューヨーク市立大学のワトソン講師。

「日本人学生は、大きな命題から話を始める傾向があり、そこから線的に話を進めるため、何を言いたいのか、最後までわからないことが多い」。そう指摘したのは、コロンビア大学のコーエン教授。

「日本人と話すときは、焦らずリラックスすべき。長い前振りが終わって終盤に重要な話が現れる」とはIT企業のアーデ氏。

こんな感想を持たれる可能性が非常に高いのです。

もしあなたが、世界に向けて大切な研究発表をしたり、海外の顧客に対して画期的なアイディアを提案したりするとき、肝心の内容ではなく、このような話の構成上の問題で「わかりにくい」という感想を先に持たれてしまっては、大変惜しいことです。

でも、この本を手にとったあなたは、この問題を即解決できます。本書でご紹介する話の基本構造「エッセイ・トライアングル」を使った書き方や話し方に慣れると、その日本語を英語にそのまま変換するだけで、すぐに相手に理解される文章が完成するからです。

英訳の部分は誰かに頼んでもよいわけですから、肝心なのは日本語でもグローバルなスタイルで「ロジカルに話を構成する力をつけること」です。海外に行く予定がある方もない方も、本書でご紹介するエッセイ・トライアングルを話の基本構造にすれば、きっと日本人が発信する研究や提案や意見は、個人レベルのものから国家間の交流まで、規模の大小を問わず、もっと迅速かつ的確に世界に理解されていくと確信しています。

本書の特色

本書では、英語とアルファベットを極力排除しています。それは、英文を併記することによる読みにくさを解消するためと、日本語でエッセイ・トライアングルに慣れるため、そして、読者がイニシアティブを取り、自分の英語力と見合った文例や文量を自分で決めながら進めていただくためです。

そのために本書は、第6章をインターネット上にも作成し、これを「デジタル6章」として、参考文献の参照と練習問題の書き込みがオンラインでも容易にできるようにしました。もっと知識を深めたい方は、デジタル6章を出発点として自由に深掘りすることができますし、まだ難しいと思わ

れる文例などは後回しにしていただいてかまいません。書籍情報とデジタル情報を活用し、いつでもどこでも誰からも理解される話の構成をぜひ体得してください。

　英語力に自信があっても、実際に海外に留学・駐在してみたら、どうも相手に話が通じない、話の途中で「それは、こういうことでしょう」とまとめられてしまう、文法は正しいのに小論文でよい評価をもらえないなど、エッセイ・トライアングルを知らなかったばかりに起きてしまう問題は枚挙にいとまがありません。

　本書でロジカルな話の構成法を学んで、コミュニケーションの悩みをまとめて解決し、あなたの考えや意見を世界に通用する形にシェイプアップしてみませんか。

本書の読み方

　第1章では、話の構成法とエッセイ・トライアングルの必要性を紹介し、導入練習をします。第2章と第3章ではエッセイ・トライアングルについて細かい点までさまざまな例文をもとに学びます。第4章では、考える図を使ってどのような課題であっても取り組めるような力をつけます。また、第2章〜第4章の終わりに、「引用の知識Ⅰ,Ⅱ,Ⅲ」として引用とその表記のルールについて、それぞれの章で取り上げた例をもとに説明してあります。第5章は総まとめの章です。第1章〜第4章までで学んだすべての知識を使ってエッセイ・トライアングルに則った文書を作成する過程をご紹介します。

　また、本書ではクロスメディアの試みを取り入れており、第6章は、本とインターネット上の第6章（デジタル6章、略して「DC6」）との両方で利用することができます。第6章には、第5章までの各章の練習問題集と、各章で参考にした文献や引用した例文を、まとめて掲載してあります。

*練習問題について

　各章の本文中に 練習問題 という目印があるものは、本書の第6章に練習問題があり、デジタル6章のフォームでその問題に取り組めることを示しています。項目や章の終わりに、こちらの練習問題にもぜひ挑戦してみてください。

*参考文献と引用について

　各章の本文中に 1-1 などの目印があるものは、書籍の第6章に参考にした文献や引用した例文に関する記載があり、デジタル6章に（最新の）リンクがあることを示しています。本文を読みつつ、興味や必要に応じてリンク先を参照し、さらなる深堀りにお役立てください。

★1 記載のリンクは2018年11月時点のものです。引用先にリンク切れなどの問題が発生した場合は、まずデジタル6章を訂正し、書籍では増刷の際その訂正を反映します。これにより、本書第6章とデジタル6章に違いがある場合もあります。
★2 本書では、巻末に参考文献リストをつける代わりに、参考文献や引用した資料はすべて本書第6章にまとめ、参照できるようにしてあります。

グローバル・コミュニケーションの土台を作る

話が通じない？ ➡ 話す順序が違った！

1. あなたの話はなぜ伝わらないのか

「エッセイ・トライアングル」との出会い

　今から20年以上も前のこと。希望に胸を膨らませた留学生活の最初の学期末、論文試験を終えた私は教授に呼ばれ、厳しい顔でこう言われました。「この小論文には、最高でもBマイナスしかあげられない。Cになる可能性もあるので、再受講するように」

　これには大変驚き、慌てました。私が通っていたコロンビア大学の大学院では、Bマイナス評価を受けると博士課程に進むことが難しくなります。Cがあれば修士課程まではなんとか進めてもそこでおしまい。Dなら自主退学、Fは大学・大学院を問わず退学処分で、その後どんなに努力しても二度とコロンビア大学のキャンパスに戻って来ることはできません。

　英語の文法ミスやスペルミスもなく内容にも自信があったのに、自分の書いた文章がなぜそんなにひどい評価を受けるのか、当時はまったくわかりませんでした。何が教授を憤怒させるほどひどかったのか。

　この疑問を解くために、私は論文専門講師による小論文クラスを受講しながら、同時に、語学専攻の学生から個人指導も受けることにしました。そして、「エッセイ形式」という論文の基本的な書き方があることを知ったのです。

　それによると、このエッセイ形式は、**大学の論文のみではなく、英語圏の「ありとあらゆるまとまった話」の中で使われている話の構成法**とのこと。「ありとあらゆる」というのがにわかには信じられませんでしたが、調べてみると、新聞、雑誌、インターネット記事、マニュアル、提案書、レポートなど、文の長短やバリエーションの違いこそあれ、たしかにすべての文章の土台にエッセイ形式が使われていることがわかりました。

　むしろ、使う使わないという問題ではなく、**文章表現の基本中の基本として、無意識にこの形に落ち着いてしまう**かのようでした。

さらに調べていくと、書き言葉だけでなく、演説、プレゼンテーション、セミナー、ディベートなどの話し言葉でもエッセイ形式が使われており、大学の授業も市長の話も同じ構成であることに気づきました。
　といっても、すべてのまとまった話が必ずしも単純なエッセイ形式であるわけではありません。ロシアのマトリョーシカ人形のように入れ子構造になっていたり、いくつかのエッセイ形式が複合的に組み合わさっていたり、一部あるいはすべてが拡大されていたり、部分的に重複していたりと、そのバリエーションはさまざまです。

　しかし、今まで苦手意識をもって眺めていた長い英文や長い話には明らかに論理的な形や意味、役割があり、読みどころや聴きどころがあったのです。そのことに気づいたときの驚きをたとえるなら、モノクロの文字の羅列が、急に色彩を持った3D映像で見えてきたような感じ。世界はこのスタイルでつくられていたのかと、目の前がぱっと明るくなったような気がしました。
　そして同時に、自分の小論文がいかにダメだったかがはっきりとわかったのです。教授を憤怒させたのは、私の**論文の構成が曖昧でポイントがぼやけ、論理的とは程遠く、とても小論文とは呼べない「書き綴り」**だったからです。

　次の学期、小論文クラスと個人指導で学んだテクニックを使って、同じ小論文を書き直し、再提出しました。そのテクニックとは、たとえば以下のようなものです。

1. いちばん言いたいことがすぐわかるようにする
2. 各段落と文章に役割を持たせる
3. 誰もが納得できる理由を用意する

　他にも、文のつなげ方や英語筆記の慣習上の注意点など、多数の項目が

ありました。英語を母国語とする学生であれば、これらの文章作法は小学校のころから訓練されているものですが、日本人に生まれて日本の教育を受けた私には、なじみのないものでした。

そこで、これらの文章作法をひとつひとつ確認しながら慎重に書き直すことにしました。その結果、まったく同じ内容であったにもかかわらず、次の学期では無事にAプラスの評価を得て、大学院での勉強を続けることができるようになりました。

この体験を通して強く感じたのは、これは**単なる文章の書き方の問題ではなく、コミュニケーションの問題である**ということでした。そして、この問題を解決すれば、私が経験したように、日本人留学生の能力が不当に低く評価されることが減り、日本のビジネスパーソンのプレゼンテーションや文書が、海外でもスムーズに理解されるようになるだろうと確信しました。

そのために、コミュニケーションの土台となるエッセイ形式と、それにまつわるルールをわかりやすく伝えることから始めようと考え、試行錯誤の末に完成させたのが、この本の主題となる「エッセイ・トライアングル」です（図1-1）。

話の土台はトライアングル構造

「エッセイ・トライアングル」の序論・本論・結論という三部構成、さらに本論に3つの議論を盛り込むというこの文章構成法を、どこかでご覧になられたことのある方もいるかもしれません。英語の小論文構成って案外簡単だなと思われた方もいることでしょう。

図1-1　エッセイ・トライアングルの基本構造

それもその通り、「エッセイ・トライアングル」は、この形式を使えば小学生でもきちんと話したり書いたりできるようになる、**非常にシンプルでわかりやすい話の構成方法**です。そしてこの文章構成は、米国では毎日の宿題やエッセイ・コンクール、入学試験、卒業論文だけでなく、研究論文、スピーチやプレゼン、さらには大統領演説など、年齢や立場を問わず、**あらゆる場面で使われる話の基本形**となるものです。

　本書でご紹介する「エッセイ・トライアングル」は、上に挙げたようなさまざまな機会に応用できるものであり、推敲を重ねてさらにレベルの高いものに仕上げていくうえでも重要な土台となります。
　つまり、この「**エッセイ・トライアングル」にきれいに収まる文章を習得すること**は、**出発点**にすぎず、そこから自分の言いたいことをどのように広げ、的確に伝えていくかは、私たちが一生かかって習得すべき課題なのかもしれません。
　それでは早速、より明確なコミュニケーションを実現するための土台となる話の道筋の立て方について見直していきましょう。

2. 言語学習は異文化学習

文化の中で生まれる言葉

　先ほど例に挙げたいくつかの文章作成上のテクニックは、留学前はまったく気に留めてこなかったことでした。つまり、日本語で話したり書いたりするときには、文章の構成についてそれほど気にしなくてもすんでいたのです。

　それはなぜでしょう？　日本語でも英語でも、ものごとの「わかりやすさ」は同じはずです。それならばわかりやすい伝え方も同じはずなのに、同じ内容を伝えたときに、なぜ日本語ではわかってもらえて、英語ではわ

かってもらえなかったのでしょうか。

　その理由は、**日本語と英語の言語特性の違い**にあります。言語は、単なる文字の組み合わせではなく、その内側にはその言語を生み出した国土や風土、歴史が血液のように脈打っています。🎧1-1
　たとえば北極圏に住む人々の言葉では、「白」を表す言葉が数十種類あるそうです。目に見えるもののほとんどが真っ白な雪と氷の世界では、私たちにはとても区別がつかないような違いを一瞬で理解し、それを的確に伝える豊かな語彙が発展したという事実はまったくうなずけることです。
　一方、きょうだいについて、「長男」「兄／弟」「姉／妹」など、それぞれ独立した言葉を持つ国は、日本も含めて非常に限られています。かつて家督相続制度があり、年長者を敬う歴史や習慣を持つ社会では当たり前の単語ですが、そうした文化的背景のない国にはこれらの言葉は存在しません。あえて表現するなら、それぞれ「はじめに生まれた男子」「年上（下）の男きょうだい」「年上（下）の女きょうだい」という言い回しになります。

　このように一部の例を見るだけでも、地理的な条件や習慣、社会構造の違いによって言語に特徴があるのは自然なことであり、他の言語で的確に本来の意味を伝えるには、その言葉の背景まで説明する必要があることは想像に難くないでしょう。
　また、言葉の違いを理解することは、母国語の特徴を客観的に理解することにもつながります。それは、外国語を学んではじめて気がつくことです。外国語を学ぶことは、言葉そのものだけではなく、そこに脈打つ血液にあたる風土や文化や歴史を学ぶことでもあると言えます。
　こうした言語学習の恩恵については数々の興味深い研究がなされています。それらの中から、インターネット上にある、わかりやすい話やスピーチの例を第6章で紹介していますので、そちらもご参照ください。
🎧1-2, 1-3, 1-4

それでは早速、日本語にはどのような特性があるのか、それがどのように私たちの話の組み立て方に影響しているのかを見ていきましょう。

3. 結論を先に、理由をあとに

求心的な日本語vs遠心的な英語
　日本語には、**大きなものから小さなものを目指す求心的な性質**があります。たとえば、おまんじゅうの中身を日本語で表現すると「おまんじゅうの中のあんこ」となります。一方、英語の語順は「あんこ／中の／おまんじゅう」です。
　そのおまんじゅうが皿の上に載り、さらにテーブルの上にその皿があれば、日本語では「テーブルの上の皿に載ったおまんじゅうの中のあんこ」というふうに、いちばん遠いものから表現されます。一方、英語の語順では、「あんこ／中の／おまんじゅう／載った／皿／上の／テーブル」となり、こちらは、あんこの置かれている状況が、しだいに外側に向かって表現されます（図1-2）。

　次に、住所の書き方を比べてみましょう。
　日本語では、「郵便番号／県名／市名／町名／番地／姓・名」の順で、大きな単位から順に個人を特定していくスタイルですが、英語では、「名・姓／番地／町名／市名／県（州）名／郵便番号」と、個人から順に遠ざかっていくスタイルで、順序は真逆です。

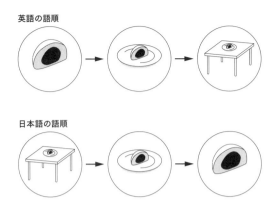

図1-2 日本語と英語の語順の違い

　あんこや名前を言いたいことや話のポイントに置き換えてみると、**日本語はポイントに向かう、つまり「外側から中心に向かう求心的な順序を持つ言葉」**、**英語はポイントから始まる、つまり「中心から外側に向かう遠心的な順序を持つ言葉」**であることが、実感できるのではないでしょうか。
　日本語が外側から始まる求心的な言葉であるのは、語順ばかりではありません。文章の構造も、最後にいちばん言いたいことがわかるようになっています。
　同じ言葉で始まる次の4つの文章を見てみましょう。

・明日、友達が誘ってくれたコンサートに行こうと思います。
・明日、友達が誘ってくれたコンサートに行こうと思いますが、行くかどうかはまだ決まっていません。
・明日、友達が誘ってくれたコンサートに行こうと思いますが、実は映画に行きたかったのです。
・明日、友達が誘ってくれたコンサートに行こうと思いますが、実は映画に行きたかったのです、と姉が言っていました。

日本語では、重要情報である下線部分がすべて文章の最後にあり、最後まで話を聞かなければ、コンサートに行きたいのかどうかがまったくわかりません。
　一方、英語式の語順で考えてみると、どれも下線部分が先頭に置かれるため、話者がどうしたいのかはすぐにわかります。
　この語順の差は、実は私たちの思考に大きな影響を与えています。私たちはまず絶対に、いちばん言いたいことや結論からは話しません。それどころか、いちばん言いたいことが決まってなくても話を始めることさえできます。
　相手の顔色を見ながら話をつないで決断したり、話のポイントをわざとぼかして迷っていることを伝えたり、あるいは遠まわしに断るなどの含みのある会話は、誰もが自然に習得していることではないでしょうか。

遠心的な話法に変えてみよう

　こうした簡単な例を見るだけでも、日本語をそのまま英語に訳すだけでは、異文化圏のビジネスパーソンになかなかうまく伝わらないことは容易に想像できるでしょう。
　そして、程度の差こそあれ、**考えながら話して結論を最後まで温存できる日本語のフレキシブルな特徴に慣れていると、英語ではこのテクニックが使えないこと、先に自分の考えを決めてから話し始めなくてはならないことに気づきます。**
　この事実は私にとって、大きなプレッシャーでした。日本語であればひとまず核心から離れたところから話を始め、一方でどういう結論にしようかと考えながら話しても普通に話をまとめられるのですが、英語でははじめに結論を提示しなくてはならないため、話し始める前に結論を考える時間が必要になります。
　そして、そのあとになぜその結論になったのかを話していくので、最初にきちんとした結論がないと、おかしなことになってしまいます。結論として「これはこうです」と宣言したものは途中で変えることができず（実際

はいつでも変えることは可能ですが、それでは話の信ぴょう性がなくなり、いい加減な印象しか与えません)、立ち止まってしまうことが何度もありました。

　また、意見を求められても「結論を考えてから話す」ことが重要なので、即答できなくなりました。いや、今まで即答していたつもりだったのは、実は声を出していただけ、つまり時間稼ぎであって、実際は即答などしていなかったのでしょう。

　では、英語圏では誰もがきっちり結論を決めてから話しているのでしょうか。この疑問を知り合いの言語学者に投げてみると、「**まず立場を決めておき、そこから話し始める**」という回答が返ってきました。

　また、英語を母国語とするある慈善団体の会長にお会いする機会があり、その方にスピーチの準備法について伺ったところ、「言いたいことをひとつだけ決めておいて、必要な数字や資料などをメモしたら、あとはアドリブで身近な例などを織り込んで話していく」という答えが返ってきました。この方は、原稿を読み上げずに、年間100回以上も感動的なスピーチをこなしています。

　ここで言う「立場」とはいわば白か黒か、賛成か反対か、というざっくりしたスタンスであり、「言いたいこと」とは話のポイントそのものです。この2つは、実は本書の主題となる「エッセイ・トライアングル」において、最も重要なパーツとなる「ティーシス」(これについては後に詳しくご説明します)の構築にもかかわってきます。

　これらの「立場」や「言いたいこと」を伝えるタイミングも、言語によって違いがあります。たとえば私たちは、状況を先に話し、相手にある程度察してもらってから本題を切り出したりしますが、このように、**最後に結論や最も重要なことを話すテクニックを無意識のうちに身につけています**。何かを依頼する場合でも、先に依頼内容を切り出さず、状況報告や周辺情報といった遠回しな話の流れに乗せて依頼することが多いのではないでしょうか。

　簡単な例を挙げてみましょう。

今回の企画はSNSで情報拡散されたこともあり、予定集客数の2倍の参加者が集まり、大変好評です。このため展示方法を変更する必要が出てくるかもしれません。利便性も考えると、隣の建物に会場を一部拡張したほうがいいと思います。

　この文章では、はじめに時系列で情報を共有して心情が共有されたところで、結論を最後に提示しています。上の内容を遠心的に言い換えると、このようになります。

　隣のビルに会場を拡張する必要がありますので、検討してください。参加者が予定の2倍となったため、このままでは展示法の変更を考えなくてはなりません。この人気は、企画自体が好評だったこと、募集がうまくいったこと、SNSでさらに拡張されたことによると思われます。隣のビルであれば、今の参加者にとっても便利です。

　この遠心的な話し方では、すべてを最後まで伝える必要はありません。「隣のビルに会場を拡張する必要がありますので、検討してください」。これだけでYESがもらえるのなら、ここまででよい。
　もし「なぜ？」と聞かれれば、「参加者が予定の2倍となったため、このままでは展示法の変更を考えなくてはなりません」と言う。
　そこで、また「なぜ？」と聞かれれば、「この人気は、企画自体が好評だったこと、募集がうまくいったこと、SNSでさらに拡散されたことによると思われます」をつける。「隣のビルであれば、今の参加者にも便利です」は自明であるため、省略することも可能です。

　このように、求心的な話し方を遠心的に切り替えると、情報を省略できることが多々あります。**遠心的な話し方では、最も重要な情報から始めて、必要な付加情報を重要な順に話すことになるので、聞き手にとって重要な**

ことから頭に入り、コミュニケーションは非常に効率的になります。
　このように、いつもの話し方をちょっと変えて、結論から始める遠心的な表現方法で報告や依頼を行ってみてはいかがでしょうか。 練習問題❶

こうすれば伝わる、日本人の英語
　結論や重要情報が最後にくる求心的な日本語と、それらを先にもってくる遠心的な英語というイメージがつかめたでしょうか。これは単語の並び方から話の組み立て方まで共通する性質であり、ちょうどフラクタルな図形のようです（フラクタルとは、たとえば葉っぱと木の形が一致するような、細部と全体像が相似するもののことです）。
　ビジネススクールで日本特有のビジネス用語として頻繁に取り上げられる「根回し」や「Noと言えない日本人」と言われるゆえんも、こうした日本語の特性に一因があるのかもしれません。

　その一方で、日本が他国にはないビジネス手法によって、戦後驚くほどの経済発展をなしとげ、人々の社会意識の高さが賞賛されてきたことはまぎれもない事実です。曖昧さも直接対決をうまく避ける知恵のひとつであり、驚異的な発展を助けた一因だと思います。
　しかし、日本人同士ではあうんの呼吸で通じても、同じバックグラウンドを持たない他国の人々には、いったいどこに結論があるのか、いつ結論が出るのか、本当の気持ちはどうなのかなどが非常にわかりにくい手法であると言えるでしょう。

　たとえば、ある大きな証券会社の海外部長とお話をしたときのこと。その方は海外では重要なことから話し、国内ではさほど重要でないことから話し始めるとおっしゃっていました。このように、相手に合わせた使い分けができることこそ、グローバルな態度ではないでしょうか。
　言いたいことや結論をまず先に。そこから遠心的に話を続ける。この点に気をつけるだけで、あなたの話はぐんとわかりやすくなります。

4. 話の筋道を立てる

ビジネスに不向きな「起承転結」

　日本語には求心的につながっていく特性以外にも、歴史に根差した2つの話の構成法があります。ひとつは「起承転結」というスタイルです。ご存知のように、これはもともと漢詩の構成法に由来し、起＝問題を提起し、承＝さらなる情報を与え、転＝思いがけない展開があり、結＝最後にオチをつける、というものです。

　日本ではこの漢詩のスタイルが、4コマ漫画やストーリー性のある文章、一般の文章にも使われることが多く、話のまとめ方のひとつと心得て、多くの方が一度はこの形式に則って文章を書いたことがあるのではないでしょうか。「転」でいかに驚くような展開があるか、いかになるほどそういうことだったのかとうなずけるような「結」にできるかが、起承転結の醍醐味と言えるでしょう。

　また、起承転結と大変よく似たものに、日本の「なぞかけ」があります。「Aとかけて、Bと解く。その心は？」というお馴染みの楽しい遊びです。これはAとBがかけ離れているほどオチが楽しみで、うまくまとまると、なるほどなぁと相手を感心させたり大笑いを誘うことができます。Aが起、Bが転、Cが結に当たります。結論を待たせて楽しむところはまったく同じですね。

　次の展開が楽しみなこれらの話の構成方法は、学術やビジネスの世界では息抜きとしての小話には使えるかもしれませんが、論文や報告、話し合いなどには向いていません。起承転結を土台にして、ビジネス・コミュニケーションをしようとすると、最後まで話を聞かなくては結論がわからないからです。時間の無駄と評価されることもあるでしょう。

「ところで」や「実は」など、それまで話してきたことと別の話を持ち出すような接続詞さえ、話の信用度を落とすことがあるのですから、**「起承転結」**スタイルは英語圏の人々とのコミュニケーションでは、なぞなぞと同じようなジョークの範囲にとどめておくのがよいでしょう。

「ドラマチック・ストラクチャー」の5部構成

　西欧文化圏ではこの「起承転結」に近いものに、「ドラマチック・ストラクチャー」と呼ばれる5部構成の文章形式があります。🔵1-5 これはドイツの文学者・文学研究家グスタフ・フライタークが考案したものです。シェークスピア演劇から現代のテレビドラマや映画まで、幅広く使われていますが、ストーリー性のないものにはあまり適用されません（図1-3）。

1. 提示部：「いつ・どこで・誰が（主人公）」などの基本情報を提示する話の導入部。
2. アクション上昇部：「何が・どのように・どうした」などの発展的な情報を提示する。敵役は先の提示部かこのアクション上昇部で現れる。
3. クライマックス：上昇部で積み上げてきたものとは違うタイプの情報が発現するターニング・ポイント。主人公の弱さが暴露される、計画が失敗する、窮地に立たされるなど、不安要素が加味されることが多い。
4. アクション下降部：主人公と敵役との戦いや問題が終息に向かう。完全

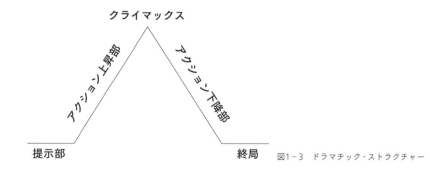

図1-3　ドラマチック・ストラクチャー

に終息する場合もあれば、なんらかの問題を残して終局で解決される場合もある。
5. 終局：戦いや問題が完全に解決され、不安が取り除かれる。

フィクションの作成にぴったりのドラマチック・ストラクチャーですが、その用途は限られており、ドラマ以外のものに使われることは、まずありません。

「エッセイ」の歴史
　西欧古来の文章形式のひとつに「エッセイ（随筆）」があります。これは哲学者ミシェル・ド・モンテーニュが1580年に107の随筆をまとめた書籍『エセー』を刊行したことに端を発します。これ以降、フランスを中心に芸術的かつ自由、断続的にして主観的、時に皮肉やユーモアを交えた「エッセイ（随筆）」という短編文学の一分野が確立されました。
　一方、日本では9世紀末から14世紀前半に、『枕草子』『方丈記』『徒然草』などの三大随筆が世界に先駆けて誕生していました。現在でも日本とヨーロッパでは、エッセイは重要な文学の一ジャンルとされています。
　さて、この「**エッセイ（随筆）**」と、**本書で取り上げるエッセイ形式の**「**エッセイ・トライアングル**」**は、まったく別もの**ですが、その起源は上記のモンテーニュの『エセー』にあります。
　モンテーニュの『エセー』には、有名なQue-sais je（ク・セ・ジュ：私は何を知っているだろうか）に代表されるように、随筆の中で自分自身と読者に疑問を投げかけながら、緻密なクリティカル・シンキング（「批判的思考」と訳されるが、否定的な批判とは異なる科学的・論理的な思考）に根差しているという特徴があります。　1-6

　アイオワ州立大学のデイヴィッド・ラッセル教授　1-7, 1-8　によれば、イギリスでは18世紀、アメリカでは19世紀までに、この2つの特徴を際立たせた文章作法である「テーマ・ライティング」という分野が確立されまし

た。
　これは具体的なテーマを持つ「序論・本論・結論」という明確な形をとり、学校でも盛んに指導がなされたことから、別名「スクール・ライティング」とも呼ばれました。

　1870年から1920年にかけてはルールに則った教育法が盛んで、評価しやすく一般化もしやすい5段落のエッセイ形式（序論＝1段落、本論＝3段落、結論＝1段落）とその応用形が広く普及しました。
　20世紀のドイツでも、生徒の理解度をスピーディーに測定することを目的として、比較的短い研究論文などは一定の形式に則して書くように指導されていました。さらに20世紀半ばになると、西側諸国では簡単に成績を評価できる標準試験が採用され、テストで測定できる技能を教えることで、標準試験で高得点を取ることに主眼を置くようになりました。

　以後、5段落のエッセイとその応用形はモンテーニュのもとのエッセイとはまったく異なる形で進化し続け、**昨今のエッセイといえば随筆ではなく、こちらの5段落のエッセイを指すようになったのです**。
　この2つはまったく異なるものですから、違う名前にすればよいのにとも思いますが、エッセイにはもともと「試み」「トライアル」という意味があり、テストの用途でも使われていたため、この名称が定着したものと考えられます。

あらゆる場面で使われるエッセイ形式
　さて今日、エッセイはその性質や分野、話題ごとにさまざまな種類に分けられていますが、特に英語圏では、学校の宿題から学術論文まで、さらに入社試験や資格試験など、評価が必要となるあらゆる場面で頻繁に使われている文章作法です。
　20世紀半ば以降にこのエッセイ形式を徹底的に教え込まれた世代は、**エッセイ形式の持つ論理性とわかりやすさを、ほぼすべての情報伝達におい**

て意識的あるいは無意識に応用しています。そのため、本章冒頭でもお伝えしたように、現在では新聞・雑誌・インターネット記事など、教育現場とは関係のない場面でも、このエッセイ形式が活用されるようになりました。

さらに、書き物だけではなく、スピーチやプレゼンテーション、あるいは小学校の「ショー・アンド・テル」から高校・大学でのさまざまな式辞 ●1-9, 1-10、企業の製品発表や学究機関の研究発表、さらにディベートや大統領演説 ●1-11, 1-12 に至るまで、エッセイ形式は幅広く応用されています。

これはまさに、テーマ・ライティング時代からのたゆみない教育のたまもの。言い換えると、こうした教育を受けていない私たちが遅れをとっている分野であるとも言えます。

そう考えると、ドラマチックな起承転結や日本古来の美しい随筆のテクニックを使って書いた文章を**そのまま英語に訳しただけでは、内容がうまく伝わらないのは、むしろ当然**のことなのかもしれません。

現在、日本語で書かれたエッセイ形式の説明を見ると、「序論＋3つの議論からなる本論＋結論」という5つの段落からなるシンプルなエッセイ形式を解説したものが多いようです。

たしかに5段落エッセイは基本形となるものですが、それはいわば骨組みにすぎず、エッセイの初心者が練習する形です。一方、そこから広がるバリエーションは実に多彩で、どんな複雑な構成も作り上げることができます。**文章表現に絶対の完成形がないように、エッセイ形式の切磋琢磨にも終わりはありません。**

では、これからご一緒に、グローバルに伝わる話の構成法を学び、それを磨いて、ライティング、スピーチ、プレゼン、ディベートなどの場面で相手にわかりやすく伝える能力を高めていきましょう。

5. 米国の小学生が学ぶエッセイ形式習得までのステップ

「サマリー」の練習

英語圏の国々では、基本的な構成に沿って書いたり、話をまとめたりといったスキルは小学校低学年から指導されます。「サマリー（まとめ）」とは、わかりやすく言い換えること。**大事なことを先に述べるのが上手なサマリーのコツ**です。

たとえば「どんな日曜を過ごしましたか？」という問いかけに対し、「朝8時に起きて、顔を洗ってご飯を食べて……」と始めるのではなく、「とても嬉しい日曜でした」と、最初にポイントをひとことでまとめ、その後に何があって嬉しかったのかを話します。こうすると、ポイントからはずれた詳細な事象は省かれることになります。

また、本の内容をまとめるのもよい訓練になります。「このお話はどんなお話でしたか？」という問いかけに対し、「なまけもののうさぎがいて、いたずらが好きで、ちょっと意地悪で……」ではなく、「うさぎとかめが競争してかめが勝ったお話です」。あるいは、この話がいちばん伝えたいことを考え、「努力は才能に勝るというお話です」などと、最初に短くまとめさせます。

このように、「サマリー」とは言い換えであり、たくさんの情報の中から重要な情報、筆者が**いちばん言いたいこと**（=ポイント）**を見つける訓練**になります。

尚、本や史実についてまとめる際には、主観は除きます。先のまとめに続けて「うさぎが勝つのが普通でしょう」「才能と努力の両方あれば無敵です」などと言うのはサマリーではなく、自分の意見です。**事実と意見は混同させず、分ける**習慣をつけていくと、出典や引用を明らかにするための

訓練になります。 練習問題❷

メイン・アイディアを考える

　さて、何がいちばん大事な情報かを識別する能力がついてくると、それが柱となって話が構成されていることを理解でき、自分が話を構成するときに、まず何を言いたいのかを考える力がつきます。この「何を言いたいのか」を、これまではまとめて「ポイント」と呼んできましたが、文書を作成する際のポイントには、さまざまな段階があります。

　題名は書いてあることを端的に示すポイントです。これをもう少し具体化し、自分の意見や立場を含ませたものを「**メイン・アイディア**」と呼びます。さらに、メイン・アイディアを文章化したものを「**トピック文**」と言います。

トピック文を作る

　以下の例をもとに、題名、メイン・アイディア、トピック文について、考えていきましょう。

題名：もみじ狩り
メイン・アイディア：日本のもみじは世界でいちばん美しい。
トピック文例1：紅葉する木はたくさんあるが、日本のもみじは世界でいちばん美しい。
トピック文例2：日本のもみじは、その鮮やかな色と可憐な形とさざなみが立つような木の佇まいが、どの木よりも美しい。

　エッセイでは、**各段落はトピック文から始まります**。つまり、メイン・アイディアを文章化してから、それについて説明するということになり、これもポイントを先に示す形になっています。 練習問題❸

「ティーシス」に進化させる

　トピック文が、各段落のポイントを表す一文であるのに対し、その文書全体で「いちばん言いたいこと」を文章化したものを「**ティーシス (Thesis)**」と言います。

　ティーシスは、一文だけのときもありますが、長さや複雑さはさまざまで、複数の文章やもっと長くなる場合もあります。そしてほとんどの場合、序論の後半に書かれています。最後まで読まなければ、いちばん言いたいことがわからないということは絶対にありません。「ティーシス」とは日本ではなじみの薄い言葉ですが、エッセイ形式で最も重要な要素です。ティーシスに関しては、第2章で詳しくご説明します。

　ここまで、メイン・アイディア、トピック文、ティーシスと、たくさんの新しい言葉が出てきましたが、これらはすべて言いたいこと、つまり「ポイント」のさまざまな形であり、話の核となるものです。

初歩の話のまとめ方：ハンバーガー図

　さて、米国の小学校では、まとめ（サマリー）の練習をし、メイン・アイディアが何かを理解できるように訓練する一方、メイン・アイディアを確立してから話を組み立てる練習も行われます。最初によく使われるのは、右頁のようなハンバーガー図です（図1-4）。

　この図では、いちばん上のパンに最も伝えたいことを一文で書きます。次に、その詳細を3つ挙げます。これがトマト、レタス、パテに当たります。そして最後にまとめの一文を書きます。

　以下の例をもとに、上から順に各項目の内容を見ていきましょう。これは、Layers of Learningというサイトで紹介されている例です。　🔊1-13

上のパン：はじめからトピック文が書ければそれでよいですが、まだ文章

にならない段階では、「メイン・アイディア」だけを書きます。

→エイブラハム・リンカーンはたくさんの偉大なことをしました。

トマト：メイン・アイディアが正しいことを証明するための「詳細1」を書きます。

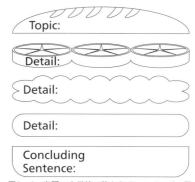

図1-4　米国の小学校で使われるハンバーガー図

→若いときにはとても正直だったので、多くもらいすぎた6セントのおつりを、長い道のりを歩いて返しに行きました。

レタス：同様に「詳細2」を書きます。

→彼は一生懸命勉強して、やがて弁護士になりました。

パテ：「詳細3」です。

→その後、合衆国大統領になり、奴隷を解放し、市民戦争が起きると、この国がバラバラにならないようにできる限りのことをしました。

下のパン：トピック文を言い換えてまとめた「結論」です。

→死ぬまで人々を助け、自分が正しいと思ったことをやったのです。

　これは、わずか5つの文章による構成ですが、それぞれの文をさらに3文に言い換えれば、基本の5段落のエッセイになります。また、5つの文をつなげて1段落を作ることもできます。　練習問題❹

初歩のプレゼンの仕方：ショー・アンド・テル

23ページで少し触れましたが、この構成法をプレゼンで使うための最初の訓練は、おそらく「ショー・アンド・テル（Show and Tell）」でしょう。これは、写真や思い出の品物を見せて（ショー）語る（テル）発表方法で、日本語では「展示と説明」などと訳されています。 🔴1-14

子どもたちが持ち寄るのは、写真や運びやすい小さなものが多いですが、ルールが許せば実際に金魚鉢を持って来たり犬を連れて来たりすることもあります。映画「ナイト・ミュージアム」のラストシーン、主人公の男の子が父親の仕事をテーマにショー・アンド・テルの発表をする場面で皆に見せたものは、参観日で教室に来ていた父親その人でした。

通常、学校や教師の決めたトピックが与えられ、1回に2名から多くても数名程度の発表者がプレゼンテーションを行います。

たとえばニュージャージー州のスパータ・タウン小学校では、「好きなTシャツ、好きなセーター、好きな本」などの好きなものシリーズや、「大事な人の写真、郵便で届いたもの、いつもバッグにあるもの」など個人的に意味のあるものの他、「春のきざしについて」の観察、「自分で作ったもの」の発表、「Lで始まるもの」「Cで始まるもの」など、どのようにも意味を持たせることができるものをトピックとして選び、毎週違った話題を取り上げています。

ショー・アンド・テルの練習法

さて、このショー・アンド・テルは、年齢や立場に関係なく、手軽なプレゼンの練習に使えます。周りを見回して、話ができそうなものを見つけてください。たとえば誰かにもらったプレゼントが目についたら、次のような順番で考えていきます。

1. このプレゼントの何が（どこが）特別なのか
2. それはどうしてか

これを念頭に置きながら、次の順序で詳細を思い出します。

1. もらったときの状況
2. そのときの気持ち
3. プレゼントを受け取る前後で変わったことは？

このプレゼントを、たとえば1冊の本に置き換えて同じように考えていきます。

1. この本は何が特別なのか
2. それはどうしてか

さらに詳細について考えます。

1. 描写されていることのサマリー
2. 自分はどう感じたか
3. 何に応用できるか

これは次のように、ハンバーガー図で言えばパン、つまりメイン・アイディアをはじめに考え、次に中身を考えるという順番になっています。

1. いちばん言いたいこと
2. その理由
3. 事実
4. 自分が感じたこと
5. 分析

もちろん、この1〜5はひとつずつ切り分けて考えるものではなく、頭の

中で複数の項目を同時に考えることもあるでしょう。

　また、もしいちばん言いたいことがわからない場合は、「3. 事実」から始めます。**事実を書き出していくと、それに対してどう感じたか、どう分析するかなどがわかり、そこから重要なことが見えてきます。**

　それがまとまれば、ハンバーガー図に当てはめて流れを決めます。**短かければ1〜2分、長くても5〜6分で、まとまった話の土台を考え、それを3分程度で話してみましょう。**最初は独り言で十分です。通勤通学時間であれば、頭の中で話の流れを組み立てて、ショー・アンド・テルをしている自分をイメージしてください。

　友人とペアを組み、同じ題材でどんな話をするか、お互いの話に耳を傾けるのもよいでしょう。クラスであれば小グループで発表し、その結果を全体で共有したり、グループの代表を決めて発表を比較したり、またはゲームのように競っても楽しく練習できます。 練習問題❺

違いがあるから面白い

　ここまでは、日本語と英語では言葉と話し方の順序に違いがあり、そのためにわかりやすさの定義に違いがあること、話し方の順序をちょっとだけ変えることでコミュニケーションはもっとスムーズになること、そして米国の小学校でよく使われる話の組み立て方の練習法について見てきました。

　このような国や言葉による違いは、多くの人にとって大変興味深いものでしょう。本章の締めくくりに、序論の例として「米国と日本でこんなに違う、驚くべき5つのエチケット（5 surprising etiquette differences between the US and Japan）」というインターネット記事をご紹介します。 1-15

　わたしはこれまで5回以上日本に旅行している。その度に「OMOTENASHI」（Japan Timesの意訳によると「無我の歓待精神」）を経験している。

はじめて東京を訪問したとき、ことばの壁があるにもかかわらず、15分もかけて丁寧に道を教えてくれる地元の人に会った。レストランでは出口まで一緒に歩いてくれた。お店でものを買えば「ありがとう」と言って頭を下げてくれた。

　それは驚くべき場所であり、世界中でその人気が高まっているようだ。クオーツニュースによれば、1995年から2012年まで、日本の外国人旅行者は毎年6％ずつ増加しているとのことだ。また、中国の「南中国朝新聞」によれば、日本人の中には外国人の態度を快く思っていない人もいるという。散らかしたり騒いだり勝手気ままな外国人旅行者たちが京都のような場所の平和を乱しているからだ。

　『フォーダーズ・ガイドブック』によれば、日本人は、外国人が日本人と同じように振舞うことを期待していないが、それらを少しでも学ぼうとする態度はとても感謝されるとのことだ。

　というわけで、ここに最も代表的な5つの米国と日本のマナーの違いをあげておこう。

　序論のフックは「OMOTENASHI」です。OMOTENASHIを受けた自分の経験から、マナーに違いがあるという他の意見を取り上げながら、どのようなものだろうと思わせる序論です。
　この序論でいちばん言いたいことは、最終文の「というわけで、ここに最も代表的な5つの米国と日本のマナーの違いをあげておこう」であり、これがティーシスになります。
　このティーシスは、後にご説明するティーシスとはちょっと違い、議論性がありませんが、これはエッセイの目的が議論ではなく5つのマナーを伝えることにあるためです。

さて、この序論をよく見ると、5段落の「エッセイ・トライアングル」になっています。それぞれが序論、3つの具体的で論拠のある議論、結論です。つまり、三角形の中にもうひとつ三角形が入っている形ですが、**長めの文章はしばしばこのような複合型をとります。**

　また、サイトで確認するとよくわかりますが、5つのマナーの違いを示した本論のあと、結論が省かれています。これもよくあることで、**情報を伝えるのが目的の場合には、結論は省かれます。**

　では、次の章からエッセイ・トライアングルの中身について詳しくご説明していきましょう。

エッセイ・トライアングルを装備する❶
序論とティーシスをまとめる

話の進め方って？ ➡ 三角形に当てはめるだけ

1. エッセイ・トライアングルの全体像

エッセイ形式はすべての表現の基本

　エッセイ形式は、筆記でも口述でも、学校でもビジネスでも、あらゆる場面の話の基本構造として使われています。前章でご紹介したように、この基本構造を身につける訓練は、米国では小学校（一部では幼稚園）の頃に始まります。米国では作文など文章の訓練の時間だけではなく、ほぼすべての科目の発表や提出物で使われており、入学試験など、重要な節目に行われる試験では、必ずエッセイの課題が出されます。

　米国の入学試験の基本的な内容は中学校でも大学院でも、また入社試験でもほぼ同じです。それは、応募フォーム、在学中の成績証明、学力を示すテスト結果、志望動機に関するエッセイ、推薦状、ボランティアや課外活動の記録です。すべて書類選考で、日本のように受験者が一堂に集まって受ける試験はありません。

　なかでも重要視されているのがエッセイであり、入学のためのエッセイは、教師や専門の指導者のもと、何カ月もかけて作成されます。それもそのはずで、**どんなに成績がよくても、簡単なエッセイしか書けないと、自己アピール力、プレゼン力、論理的に話す力、相手を説得する力など、多くのスキルが足りないと見なされてしまう**からです。

　社会人になって弁が立つ、あるいは話がわかりやすいと称される人は、学生であれ政治家であれ、このエッセイ形式に基づく話の組み立てを無意識にできている人だと言えます。これほど重要なエッセイ形式ですが、そうした学習経験を持たない私たちにとっては、どこかで聞いたことがある程度の認識しかないのではないでしょうか。

　また、シンプルな5段落エッセイについては紹介されることも増えてき

ましたが、**その知識だけでは、小学生レベルのエッセイしか書くことができません。**この程度の力では、大学受験や入社試験でよい成績を取ることはできませんし、それ以上のこと、たとえば複雑な文書やビジネスの話、人前でのスピーチなど、大人の話がうまくできるはずはないのです。

そこで第2章では、エッセイ・トライアングルの全体像と、エッセイ形式においていちばん大切な「**ティーシス**」と「**序論**」について、詳しく学んでいきましょう。ここでは小論文の書き方を例に解説しますが、エッセイ・トライアングルに沿って話を組み立ててスピーチをする、プレゼンをする、セミナーや授業を行うなど、この手法は幅広く応用することができます。

「**序論・本論・結論**」の三層構造
「エッセイ・トライアングル」とは、エッセイ形式のルールを図式化したものです。まずは、これに則って文章を書く練習をしましょう。慣れてきたら、この図を思い浮かべるだけで、わかりやすい文書や原稿を短時間で作成することができるようになります。

エッセイ形式は、「序論・本論・結論」の3つの要素から成り立っており、本論はさらに基本的に3つの議論に分けられます。それを図式化すると右の三角形の図のようになります（図2-1）。これが「エッセイ・トライアングル」です。

第1章でご説明したように、**話のポイントはいつも冒頭にあります。**ポイントには「先端」

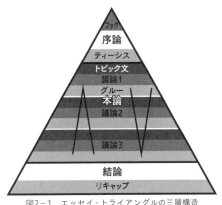

図2-1　エッセイ・トライアングルの三層構造

という意味もあるように、「序論」に相当する頂点の三角形がこれに当たります。

　これを「序論」と呼ぶことに違和感を覚えた方もいらっしゃるかもしれません。というのも、第1章では「結論を先に」とお伝えしてきたからです。そうだとしたら、ここは「結論」ではないか。その通りです。

　実は「序論」と「結論」は同じものです。前頁の図で序論と結論を同じ色にしているのはそのためです。ただし同じ内容であっても、序論は序論らしく話を始め、結論は結論らしく締めくくる必要があります。

　結論は、序論で提示した**話のポイントが正しいことを再確認する**部分です。第1章の最後でご紹介した例のように、再確認が不要な場合、結論は省かれることもあります。しかし、ほとんどの場合は、最後にまとめとしての結論があったほうが収まりもよく、**正式な話の構成になります**。関連のある言葉や話題で序論と結論をつなげるテクニックもあり、**よく練られた序論と結論は、聴き手や読み手にうまくまとまった話という印象を与える効果があります**。

　本論は、多くの場合3つに分かれますので、前頁の図では3層に分けてあります。ここが2つのこともあれば、4つのこともありますが、まずは基本の3つの議論にまとめる練習をしましょう。

　ここまでの流れは先ほど27ページでご紹介した「ハンバーガー図」とまったく同じです。ハンバーガー図は各部分を一文で表し、5段落エッセイの骨組みを作る練習になります。一文で書いたものにさらに情報を加え、5つのパーツがそれぞれ三文かそれ以上になると、それを各段落とした5段落エッセイが完成します。

長い文章の場合
　長い文章やスピーチでは、本論の中にさらにいくつかのエッセイ・トラ

イアングルが含まれます（図2-2）。35ページの図のように、序論にエッセイ形式が含まれることもあります。

　内包される小さなトライアングルは、完全なトライアングルの場合もあれば、たとえば結論を省略したり本論がきっちり分かれていなかったりと、不完全な形の場合もあります。

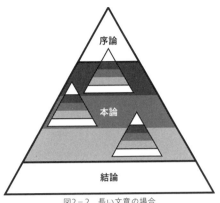

図2-2　長い文章の場合

「テーマ・ライティング」の時代から今日に至るまで、エッセイは文章作法として洗練され、教育されてきました。**どんな話にもエッセイ形式は大きな影響を与えています。**

　エッセイの種類はたくさんあり、たとえば書き方の特徴から議論型（説得型）エッセイ、解説型（描写型）エッセイ、定義型エッセイ、批評型エッセイ、物語型エッセイ、リサーチ・レポート型エッセイなどに分けられ、日常的な題材から専門的なものまで、そのトピックに限りはありません。

◎2-1, 2-2

コラム

大人になってからの学習は効果絶大

　小学校から大学まで、国語としての英語表現を磨きながら訓練を続けてきた欧米の人々に対し、そうした訓練を受けてこなかった私たちがエッセイの分野で同じ実力を習得するのは、努力次第で可能とはいえ、とても難しいことです。

　子どもの頃から学んで身につけたものは、あらゆる分野の技能において非常に大切な土台となります。また子どもの訓練は、少ない情報を少しずつ理解するというプロセスをたどります。

一方、大人になってからの学びは、素早く知識を理解できるため、短期間に多くの情報やスキルを身につけることが可能です。大人になってから小中学生の教科書を広げてみると、学びに要する時間が子どもの頃よりはるかに短縮していることを実感できるでしょう。
　また、大人になるにつれて学習の目的をよく理解できるようになり、学習後のメリットも客観的に見据えることができます。
　大人になってから何かを始めるのは、効率よく、しかも明確な動機を持って学ぶことができるという大きなメリットがあります。今からエッセイ形式を身につけることで伸びる能力は、あなたの学習や仕事レベルを着実に向上させることでしょう。

　さて、本書で特に詳しくご紹介したいのは、「**議論型（説得型）エッセイ**」です。これは自分の意見を述べるためのエッセイ形式であり、**すべてのエッセイ形式の基本**となるものです。
　たとえばレポートであっても批評文であっても、必要な要素はこの「議論型エッセイ」にすべて含まれています。そして、この「**議論型エッセイ**」**を集中して学ぶことで、より効率的にエッセイのコツを身につけることができます。**
　では、「エッセイ・トライアングル」の最重要パーツである「序論」と「ティーシス」について、詳しく検証していきましょう。

2. 序論で相手の心をつかむ

相手の心をつかむ導入とは？
　第1章でご紹介したように、序論は、話の導入部分としての役目と、結論を紹介するという2つの役目があります。つまり、**序論を読んだだけで、❶読者がエッセイに興味をそそられ、❷筆者が何を言いたいのかが明確に伝**

わらなければなりません。

この❶と❷は矛盾するものと感じる方もいるかもしれません。興味をそそる話には、「次はどうなるんだろう」という未知への期待感があるはずなのに、先に結論を言われてしまうと、もうそこでおしまいという気分になってしまうからです。

たとえば、最初から犯人が明かされている推理小説を読みたいと思う人はいません。映画も同様で、途中で結末がわかってしまう、いわゆる「ネタバレ」は、一挙に私たちの興味を失わせます。起承転結やなぞかけなどの話の流れに慣れている私たちにとってはなおさらです。

しかし、エッセイの序論では、この一見矛盾した2つの要素が同時に成立しなければなりません。**興味深いはじまりでありつつ、冒頭で何を言いたいのかがわかるのは、それがよいエッセイである証拠**です。

序論を興味深いものにするには、次の2つのポイントがあります。

ポイント❶：短いフックで興味をひく

ひとつは、**最初の一文を印象的にすること**です。読者の気をひくような文や、話題になっているモノやコト、具体的なエピソードなど、最初に「おっ？」と思わせる内容を含む一文を考えます。これを「**フック**」と呼びます（海賊フックのカギ手のように、読者の心をぐいっと引き寄せるのです）。

フックには、文章ではタイムリーな話題や最新ニュース、慣用句やことわざなどがよく使われますが、プレゼンやスピーチでは、場を和ませるためのちょっとした冗談や親しみやすい小話も多用されます。引用、逸話、質問、豆知識、比喩などもフックに適しています。

世界最大のハウツーマニュアルサイトWikiHowによる引用、逸話、質問、豆知識、比喩などを使ったフックの例は以下の通りです。　2-3

・引用

有名人の言葉は私たちを惹きつけます。どんな場面でどのような気持ち

でその言葉を発したのか、その言葉がこれから話すこととどのように関係するのか、あるいはその言葉を知るだけでも得したような気がします。

- パットン大将は、「ベストを尽くす以外に何かすることがあるのか」と言った。
- ヒラリー・クリントンは「私たちは自分のことだけを考えるのをやめ、社会にとってベストなことは何かを考えなくてはならない」と述べて、米国の政界の問題を提起した。

・逸話

個人的な過去の話も、よくフックに使われます。

- 携帯電話なし、金なし、言語能力なしでひとり外国にいたときが、私の経験した最大の孤独だった。
- 1995年のクリスマス、私の両親は「人生では常に予想できないことが起こると覚悟せよ」という大切な教訓を教えてくれた。

・質問

質問から始まるスピーチ、講義、プレゼン、文章などは、お馴染みのフックです。重要なのは、その場にいる聞き手や文章の読み手が答えたくなるような質問であることです。

- もし絶対に失敗しないとわかっていたら、何をしたい？
- 世界をよくするために、あなたができることをひとつだけ挙げるとしたら？

・豆知識

トリビアを知るのは誰にとっても楽しいもの。具体的な数字、世界情勢や歴史などは、多くの人が興味を持ちます。

- 中国は今後10年で8500億ドルを投じ、国内の水源の清浄化に取り組むという。
- 古代エジプトの人々は、悪魔を寄せ付けず、眼の病気にかからないように、眼の周りに濃い化粧をした。

・比喩

　何かに例えるのはよくある手法ですが、そのときの話題に無関係なものに例えてもあまり面白くありません。話との関係がスマートでウイットに富んでいれば、きれいにまとまるでしょう。

- 日本にはじめて行ったときは、まるでヒナが飛び立つような気持ちだった。
- アメリカの貧困度の高さは、まるで部屋の中に居座ったゾウのようなやっかいな問題だ（部屋の中のゾウとは、みんなが見て見ぬふりをしても無理がある、どうしようもない問題のこと）。

　もちろん、フックはあくまで話の前ふりですから、自分の言いたいことにつなげなくてはなりませんし、最も力を入れるところではありません。

　たとえば、原油価格高騰の話をするときに、今朝飲んだ香り高い一杯のコーヒーの話から始めるとします。コーヒーの木の苗が栽培され、収穫され、ローストされ、ドリップされ、その香りを楽しむまでにどれほど石油が使われているかの話につなげ、さらに原油価格高騰の話に持っていくと、この一杯のコーヒーの話が立派なフックになります。
　フックはよく使われる導入法とはいえ、絶対に必要なものでも常に冒頭にくるべきものでもありません。しかし、フックを面白く楽しいものにできれば、その文章は興味を持って読んでもらえますし、スピーチでも聴衆の心をしっかりつかむことができるという意味で有効です。

ただし、フックが全体でいちばん言いたいことより印象深くなってしまっては本末転倒ですので、**フックは短めで話を引き立てるもの**となるように注意しましょう。

ポイント❷：よいティーシスで興味をひく

もうひとつの方法は、**相手の興味をひくようなティーシスを提示すること**です。実はこちらのほうがずっと重要で、**相手の興味をひくティーシスがあれば、フックがうまく書けなくても、あるいはまったくなくてもかまいません**。

逆に、大変興味深いフックがあっても、ティーシスがつまらなければそのエッセイは確実につまらないものになります。言いたいこと自体がつまらなければ、他の部分をどんなに飾っても追いつきません。

3. ティーシスで相手の心をつかむ

ティーシス＝最も重要かつ独自の論題

さて、このように重要な役割を持つ「ティーシス」とはどのようなものでしょうか。英語では"Thesis"と表記し、「論文中最も重要かつ独自の論題」という意味です。日本語ではぴったり同じ意味を持つ単語がないため、前著『考える・まとめる・表現する』でも用いたカナ表記「ティーシス」を、ここでも使うことにします。

「論文中最も重要かつ独自の論題」だなんて、なんだか堅苦しい言い方ですが、論文や発表の中で、**自分がいちばん言いたいことであり、誰でも考えつくような意見ではなく、オリジナルなものであること**が必須条件になります。

ティーシスがなければ、自分では論文を書いたつもりでも、論文にはなりえません。発表もなんだかまとまりのない印象になります。「いったい何が言いたいの？」という質問は、「あなたのティーシスは何ですか」とい

う問いかけに他なりません。

　ここまで繰り返し、「ポイントを先に、結論を先に」とお伝えしてきました。会話や短い文であればそれだけで十分です。

　しかしそこから一歩進んで、公式の場で人によく伝わる話ができるようになりたいとか、英語圏でのビジネス・コミュニケーションに不安があるとか、諸外国に向けて自分の研究や成果を発表したいとか、新製品の紹介の英語版も作っておきたいといった場面では、結論を先に出すだけでは不十分です。**よく練ったティーシスを用意することによって、多くの問題が解決し、話がスムーズに進みます。**

　聞き慣れない単語である「ティーシス」がそこまで重要だったのかと驚かれた方も多いと思います。でも、ティーシスに私たちが関心を持ってこなかった理由は、言語と文章作法の違いによるものですから、**少し気をつけるだけで、異なる文化圏の人にもたやすく理解される文書を作成できるようになります。**

> **コラム**
>
> **もしティーシスがなかったら**
>
> 　英語圏にある大学に留学すると、頻繁に小論文の提出を求められます。指導教官は一学期に何百もの小論文を読まなくてはならず、ティーシスがなかったり弱かったりする小論文は、まず最後まで読んでもらえません。
>
> 　ビジネス文書でも、はじめの2、3段落にティーシスがない、あるいはメイン・アイディアがわからないような書き方をしていると、**結論でどんなに素晴らしい提案や発見を書いていても、最後まで読んでもらえません。** 最悪の場合、最初の数ページだけでボツとなることもありえますし、口述の場合は最後まで聴いてもらえず、途中で発言を止められる可能性もあるでしょう。
>
> 　しかし、ティーシスをきちんと伝える練習をしておけば、このようなコミュニケーション・エラーを防ぐことができます。また英語のThesisは、ティーシスが必ず含まれる文書の代表である「学位論文」という意味

で使われることもあります。

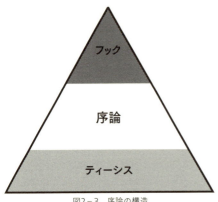

図2-3　序論の構造

ティーシスは定位置に

　ティーシスは必ず「序論」にあります。これは「自分の考え（＝メイン・アイディア）を伝える文（＝トピック文）が各段落に必要」というルールと同様、エッセイ形式においてはとても大切なルールです。

　ティーシスとは、いわばその文章を書く目的ですから、何を言いたくてその文章を書くのか、あるいは何を話すのかを示すティーシスを序論に据えることで、それがはっきりします。さて、序論の中のフックとティーシスの位置は上の図のようになります（図2-3）。

コラム

「どう言うか」より「何を言うか」

　プレゼンテーション研修などで、「もっと顔を上げて」「人をよく見渡して」「大きな声で」など、ビジュアル面の指導を受けたことのある方も多いのではないでしょうか。特に小・中学校での発表では、必ずと言っていいほど、話をするときの声量や姿勢の注意がなされます。

　しかし、これらは実際、些細なことにすぎません。大きな声で堂々と話しても、言いたいことがつまらなければ、人は聴く気をなくします。下を向いてぼそぼそ話しても、「おや？」と思うような面白そうな話なら、それを聴こうとして会場は静かになります。

　文章についても同じです。多少ぎこちない言い回しがあっても、ティーシスが個性的で興味をひくものであったり、あるいは「そんなこ

とはないだろう」と反論心を掻き立てられるものであれば、もっと知りたいという積極的な気持ちで読んでもらえるでしょう。

逆に、どんなにすらすらと美しい文章で綴られていても、**ティーシスが凡庸でつまらなければ、そのエッセイは、ほぼ失敗**と言えます。日記やブログなど個人的な記録であれば失敗も成功もありませんが、エッセイが評価の対象になるとき、たとえば点数がついたり合否が決まったり、提案の採択がかかっているような場合、ティーシスをうまく作成できるかどうかが、とても重要になってくるのです。

よいティーシスを作るには？

そのエッセイに興味をそそられ、何を言いたいのかが明確に伝わらなければならないという、一見矛盾して見える序論の2つの役割。それを実現するためのいちばん重要なカギである、よいティーシスとはどんなものでしょう。

実は直感である程度わかります。次の2つの例文AとBを比べて、どちらがティーシスになりうるか、考えてみましょう。 🔊2-4

例1）
A. ファストフードは体に悪いので避けるべきだ。
B. アメリカ人は、ファストフードの日常的な利用を避けたほうがいい。ファストフード中心の食生活は、糖尿病、肥満、心臓病など、予防可能でありながら、発病すれば高い治療費がかかる病気の原因となるからだ。

例2）
A. カリフォルニア州バークレイには、たくさんのホームレスが住み着いている。
B. バークレイのホームレスが、寄付による食物や、公衆トイレ、キャンプ場施設などを利用できるようにすべきだ。これこそが市民生活の向上につながる。

例3)
A. 受動喫煙は心臓病やガンの一因となるため、公共の場での喫煙は法律で規制されるべきだ。しかし、法規制は喫煙者に不公平になるので、そばにいる非喫煙者はマスクをするなどの対策を講じるべきだ。
B. 受動喫煙は、喫煙と同様に心臓病やガンの有病率を上げる。さらに悪いことに、タバコの煙は、同意せずとも空気とともに肺に吸入されてしまう。このため、公共の場の喫煙は禁止されるべきである。

　あなたはAとB、どちらをティーシス文に選んだでしょうか。これらの文章の違いこそが、よいティーシスの条件です。

4. ティーシスの必要条件

パデュー大学によるティーシス三条件
　アメリカのパデュー大学ではティーシスの主要条件として以下の3つを挙げています。 ◎2-5

❶ 立場を持つ
❷ 議論性がある
❸ 具体性がある

「立場」とはひとことで言うと、**賛成か反対か、擁護派か反対派かというあなたの考えの立ち位置**のことです。同大学のオンライン・ライティング・ラボ (OWL) の説明を例にとり、ティーシス文を作りながら考えていきましょう。トピックは「環境汚染」です。 ◎2-6

A. 汚染は環境によくない。

ティーシスを作成する最初のステップは、トピックに沿った何かを思いつくことです。「トピックを見たとき、Aが頭に浮かんだとします。Aは「よくない」という立場は表していますが、それだけなので、ティーシスにはなりえません。
　もう一歩踏み込んで、「汚染は環境によくない→環境汚染を止めるには？」と考え、「予算を投入するのがよい」と思ったとしましょう。

B. 環境汚染を止めるために、連邦予算の少なくとも25％が費やされなくてはならない。

　連邦予算を使うことに異を唱える人がいるでしょう。なぜ25％？と疑問に思う人もいるでしょう。つまり議論性があるので、BはAよりずっとティーシスに近いと言えます。しかし、Bに足りないものは「具体性」です。
　具体性とは、たとえば以下のようなものです。

・ドラッグは社会にとって有害である。
・違法ドラッグは非行グループの暴力を助長するため、社会にとって有害である。

　この2つの文章を比べてみると、下の文章には筆者の考える「有害」の内容が書かれているので、具体性があると言えます。
　では、Bにこのような具体性を持たせてみましょう。

C. 連邦予算の25％は、クリーンエネルギー、再生可能エネルギー、環境汚染の軽減やコントロールなど、産業改善の支援に使われるべきである。

　より具体性のある文章になりました。これで立場・議論性・具体性という3つの条件を満たすティーシス文が完成しました。

ただし、「連邦予算の25％は、クリーンエネルギー、再生可能エネルギー、環境汚染の軽減やコントロールなど、産業改善の支援に使われるべきであると、ＮＹタイムズに書いてあった」など、自分の考えと同じであっても誰かの言葉であるときは、その文章は引用であってティーシスではありません。**ティーシスは自分の意見でなくてはならないのです。**

　同サイトには、同じトピック「環境汚染」から次のようなティーシスの例もあります。

D. 環境汚染の軽減対策は、個人所有の自動車に向けられるべきである。これによりほとんどの市民が国の努力に協力し、その結果にも注目することになるからである。

　この例を挙げたのは、「ほとんどの市民」という言い回しについて説明するためです。「ほとんどの〜」「一般的に」「概して」「多くの場合」などの言い回しを使うことによって、100％ではないこと、しかし普通はそのように考えて差し支えないであろうことを示すことができます。

　注意が必要なのは、**それが本当に一般の意見なのか、自分の思い込みではないか**という点です。「普通」の概念は人によって違うので、特殊な例を「一般的に」と言うことはできませんし、決めつけることもできません。

　「人はだいたい朝4時に起きるものである」という文は「「自分は」の間違いでは？」とつっこまれる可能性がありますが、「毎朝4時に起きる職業の人もいる」なら一般的な意見です。「一般的に、同性婚が増えれば幸せなカップルも増えるだろう」は首をひねる内容ですが、「同性婚賛成者は、一定数いるだろう」であれば、肯定できます。これらは極端な例ですので、一見してすぐに変だとわかりますが、話の内容が複雑になると、瞬時に正誤の区別がつかないこともあります。

特に、例外を認めてないわけではないことを示すために、「ほとんどの人は」「一般的に言って」「概して」「多くの場合」「通常」「普通は」などをつけるときには、要注意です。本当に普通のことか、社会通念上ほぼ一致した見解かを考えたうえで、これらの言葉を使うようにしましょう。

　思い込みを一般常識のように書くことは、ティーシスだけでなくどんな場合にも、信頼性に関わる大きな問題になります。

インディアナ大学によるティーシス四条件

　一方、インディアナ大学の「書き方指導サービス（WTS）」では、よいティーシスとは、次の4つの条件を満たすものとしています。 ◎2-7

> ❶ 立場が明確である
> ❷ 議論を呼ぶものである
> ❸ メイン・アイディアはひとつ
> ❹ より具体的に焦点が絞られている

　この❶❷❹はパデュー大学の、❶立場を持つこと、❷議論性があること、❷具体性があることに一致しています。❷は、実は❶に含まれるのですが、独立した項目としているのは、それだけメイン・アイディアがひとつでない文書が多いということでしょう。

　それぞれの条件について、例文をもとに解説していきましょう。

❶立場が明確である

A. ハーブティのサプリメントには、よい効果と悪い効果がある。

　これは賛成か反対かの立場が、示されていません。

B. ハーブティサプリメントは、極端な体重減少効果があるが、それは同時に

筋肉の減少も引き起こすため、健康被害につながるだろう。

こちらはサプリメントに対して反対の立場がとられ、その理由もはっきり示されています。

❷議論を呼ぶものである
A. 我が家は大家族である。

❶のA同様、事実を述べただけです。「家族」というトピックですが、次のように一般的に反対されていて、論議を呼びそうなものは強いティーシス文になります。

B. ほとんどのアメリカの家庭は核家族で、近親結婚に恐れを抱くが、イラン人の家庭では、近親結婚は大家族を作り、親戚の結びつきを強めるものと考えられており、イラン人である自分もそう信じている。

こちらは、このあとどのような議論で証明していくのだろうという読み手の気持ちを掻き立てる、興味深いティーシス文と言えます。

❸メイン・アイディアはひとつ
2つの異なる論点を同時にティーシスにすることはできません。また、白／黒、肯定／否定など、2つの異なる立場を同時に擁護することもできません。

A. 企業はネット上の販促可能性を開拓する必要がある。そして、ウェブページは広告と顧客サービスの両方を供給することができる。

これはどちらが言いたいことかわからない書き方で、メイン・アイディアが2つあるように見えます。

ひとつのメイン・アイディアにまとめた例がこちらです。

B. ネットは販促の可能性に溢れているので、企業は、ウェブサイトを通じて広告と顧客サービスの両方を実現することにより、このポテンシャルを開拓するべきである。

このように、2つのアイディアをつなぐとき、「〜のため」「〜なので」「だから」などの接続詞をうまく使うのも効果的な方法です。

❹より具体的に焦点が絞られている

原文には、「スペシフィック」という単語が使われていますが、これは「具体的」より一歩進んで、さらにある点にフォーカスした具体性を意味する言葉です。ぴたりと一致する日本語はないのですが、「特有の」「特定の」が近いと言えます。また、課題の求める範囲を超えてしまう曖昧さが残る場合も、焦点が絞られていないとされます。

たとえば、「飢餓について7〜8ページのエッセイを書きなさい」という課題に対し、

A. 世界の飢餓にはたくさんの原因があり、さまざまな結果をもたらしている。

これだけでは、「飢餓」の範囲が具体的に絞り込まれておらず、「たくさんの原因と結果」もまったく具体性に欠けるもので、ティーシス文になりえていません。一方、

B. グランデリニーナ地方における飢餓は、仕事がないことと土地の質が悪く収穫できないことによる。

このBの文は、飢餓の範囲を一定の地域に絞り、その理由を2つに絞り込んであるため、Aに比べてティーシス文に近いものです。

ナローダウンする練習
　ところで、具体的に絞り込むというのは、特に私たち日本人にはやや苦手な作業のようです。「日本人留学生は往々にして大きなところから議論しすぎ」という評価は、外国人学生の英語教育を専門とするコロンビア大学付属の英語教育機関American Language Program（ALP）でもよく耳にしました。3～4ページのペーパーに対し、300ページほどもかかりそうな大きなティーシスを設定してしまうというのです。たとえば、教育法の課題に対して動物の起源から話を始めたり、社会学の課題で物理学の問題から議論をするようなケースです。

　大学の課題でも、ビジネスシーンでも、世界観を論じるような論文や議論は、実際求められません。それより、学習のテーマやプロジェクトの進捗具合など、具体的なものごとについて話したり書いたりすることのほうがずっと多いでしょう。

　「ナローダウン」というのは、**余分な情報をそぎとって、大事なことだけを残す**方法で、漠然とした話を具体的にする際によく使われます。常にいちばん問題となることがらに焦点をあてて、ナローダウンする練習はきっといろいろな場面で役に立つでしょう。

5. 序論とティーシスを作る

　それでは、以上を踏まえて、明確な立場・議論性・具体性のあるティーシスを持ち、読む者の興味をそそり、言いたいことが明確に伝わる序論を

作成していきましょう。

　序論は、44ページの図2-3で示すように、フックとティーシスを内包する、話の導入部分です。第一文から書いていくのではなく、**ティーシスを作成しながら序論を構成**していき、その後（本論と結論を書いてしまってからでもよい）にフックとなるものがあるかどうかを考えます。

序論とティーシス作成の5つのステップ

　序論とティーシスを作成するには、大まかに次の5つのステップを踏みます。以下に個々のステップについてご説明します。

❶ 着想
❷ 調査と練り直し
❸ 立場を決める
❹ 意見を主張する
❺ 序論を推敲する

❶着想

　大学の社会学のクラスをイメージしてください。あなたは「人工知能（AI）と社会」についてのディスカッショングループにいて、次のトピックでエッセイを書くことになりました。

トピック：AIの発達と普及によって生じる問題

　第一歩は、このトピックからの着想、つまり思いつくことです。
　次の文章を初めに思いついたとしましょう。

A. AI導入によって人間の仕事が変化する。

　これは事実のみで、あなたの意見はまだありません。

❷調査と練り直し

　この時点で、ある程度書きたいことが決まる場合もあるでしょう。書きたいことが決まらない場合は、簡単な調査をします。インターネット検索や本や新聞から、関連する記事を探してみましょう。
　その結果、すでに多くのAI搭載機器が実際に使われていることがわかり、それどころか、人間の仕事がなくなるのではないかという心配や、「将来なくなる職業ランキング」といった記事があることもわかりました。そこで、これらの調査で得られた結果をもとに、先に思いついた一文を練り直してみます。

B. AI導入によって人間の仕事は変化する。すでに工場や病院ではAIが担う仕事が増えており、いずれ人間の職業を奪うのではないかと心配する人もいる。

　これは調べてわかった事実をまとめただけで、筆者独自の意見は何もなく、ティーシスとしてはまだ断片にすぎません。でも、だいぶ方向性が見えてきました。

❸立場を決める

　次に、自分は賛成か反対かの「立場」を決めます。Bの立場に賛成であれば、それを示しながら言い換えます。

C. AI導入によって人間の仕事は変化する。すでに工場や病院ではAIが担う仕事が増え、多くの人が懸念しているように、AIが人間の仕事を奪っていくだろう。

　一方、そうではないと思う場合は、次のような文章になるでしょう。

D. AI導入によって人間の仕事は変化する。すでに工場や病院ではAIが担う仕事が増え、多くの人は自分の仕事が奪われるのではないかと懸念している。しかし、そのように考えるのは早計である。

どちらの立場をとっても相手を納得させるようなティーシスを作ることが重要ですが、ここで、先に紹介したインディアナ大学の2つ目の条件「議論を呼ぶものである」を取り入れ、反対の立場を採用してみます。

❹意見を主張する

Dには立場は示されていますが、具体性がありません。「早計である」というのは、単なる感想にすぎません。**ティーシスを作っているようでいて実は序論を考えているだけであり、自分の意見はまだ出しきれていない状態**です。そこで自分の意見として、次の一文を加えてみます。

E. なぜならAI導入によって、仕事の質が変わったり、新しい仕事が生まれる可能性があるからだ。

現在、多くの人はAIの発達によってなくなる仕事があると思っています。このため、Eは議論性があるのでティーシス文になり得ます。点線部にはまだ曖昧さが残っているので、これらをより具体的な表現に変えてみましょう。

「仕事の質が変わる」→肉体労働は機械に取って代わり、身体的負担が軽くなる
「可能性がある」→もっと強い言い回しに

この2点をEに反映すると、以下のようになります。

F. AI導入は、人間の負担を軽くすると同時に新しい仕事を生み出すという恩恵があるからだ。

これは議論性がある独自の考えであり、具体的ですから、よいティーシス文です。何年か経ってこの考え方が当然になればティーシス文ではなくなりますが、そのような変化はいつも起きています。
　たとえば遺伝子組み換え作物（GMO）の技術は、途上国の飢餓問題への重要な解決策のひとつとして確立され、すでにこの技術について議論すること自体、意味をもたなくなっています。同性婚についてもそれを認める法律が珍しくなくなった今では、議論の対象となる機会はほとんどありません（以下、ティーシス文を太下線で示します）。

❺序論を推敲する

G. AI導入によって人間の仕事は変化する。すでに工場や病院ではAIが担う仕事が増え、多くの人が仕事を奪われるのではないかと懸念している。しかし、仕事がなくなると考えるのは早計であろう。なぜならAI導入は、人間の負担を軽くすると同時に、新しい仕事を生み出すという恩恵があるからだ。

　これらの文章では、点線部が曖昧ですから、ここに具体的な例を挙げて述べることができます。また、考える範囲をたとえば現代の日本に限定すると、より的が絞られます。この点を反映すると、次のような序論が完成します。

H. 現代の日本では、AIはすでに活躍している。たとえば工場ではAI搭載自動搬送ロボットが使われ、大量の荷を効率的に移動させている。また病院では病気の診断にAIワトソンが導入され、人間が見落とすような細かい症状も正確に診断できるようになった。AI搭載機器は今後さらにさまざまな場面で応用されていくだろう。これを懸念して、「人工知能・AIによって奪われる職業ランキング」といった記事がネットや雑誌等で発表されているが、AI搭載機器が人間の職業を奪うと予測するのは早計であろ

う。なぜならAI導入は、人間の負担を軽くすると同時に、新しい仕事を生み出すという恩恵があるからだ。 練習問題❻

6. ティーシスを評価する

ティーシス基準に照らしてみよう

　このように、ティーシス文はそれだけを考えるというのは不可能に近く、多くはアイディアを膨らませていく過程で自然に序論が形作られたり、本論の見通しを立てたりするものです。

　ここでは序論とティーシスを同時に作る方法を詳しく解説しましたが、もちろん下調べ段階で明快なティーシス文が完成することもあります。

　完成したティーシスを評価するには、以下のパデュー大学とインディアナ大学のティーシス基準に照らしてみるのがよいでしょう。前頁のティーシス文は、これらの基準をすべてクリアしていることがわかります。いずれかの評価基準だけでもよいので、これらの基準に沿っているか、客観的に判断してみましょう。

パデュー大学のティーシス基準

評価	自己分析	
立場を持つ	AIに賛成	◎
議論性がある	反対意見がある	◎
具体性がある	具体的な恩恵を示している	◎

インディアナ大学のティーシス基準

評価	自己分析	
立場が明確である	AIに賛成	◎
議論を呼ぶものである	反対意見がある	◎
メイン・アイディアはひとつ	AIが人間の仕事にとって恩恵になる	◎
より具体的に焦点が絞られている	先に現在の自国の事情を論じており、具体的な恩恵を示している	◎

このような作業を何度か繰り返していくと、はじめははっきりした意見にまとまらなくても、しだいに言いたいことの焦点が定まってきます。**トピックについて調べたり考えたりしたことを、ティーシス構築の注意点に照らして修正していけば、言いたいことがよく伝わるような文章が完成します。**

フックを考える

　次に、Hの序論（56〜57ページ）にフックを付け加えてみましょう。

　映画「ターミネーター」は人間とAIの戦いを描いた人気映画シリーズだが、このような世界はもはやファンタジーではなくなっている。実際、現代の日本でAIはすでに活躍している。たとえば、工場ではAI搭載自動搬送ロボットが大量の荷を効率的に移動させている。また、病院では病気の診断にAIワトソンが導入され、人間が見落としてしまうような症例に対しても、精密な診断ができるようになっている。AI搭載機器は、今後ますますさまざまな場面で応用されていくだろう。これを懸念して、「人工知能・AIによって奪われる職業ランキング」といった記事がインターネットや雑誌で発表されているが、AI搭載機器が人間の職業を奪うと予測するのは早計であろう。なぜならAI導入は、人間の負担を軽くすると同時に、新しい仕事を生み出すという恩恵があるからだ。

　最初の一文がフックです。誰もが知っている人工知能と人間の戦いを描いた有名映画シリーズ「ターミネーター」から人工知能の話に入っています。フックは、結論でもう一度使うと（＝リキャップ）、話がまとまっているという印象を与えることができます。**練習問題❼❽**

引用の知識 I

　さて、ティーシス文を作成する際、着想のあとに「調査と練り直し」

がありました。これは、考えをより具体的に示したり、立場を決めたり、議論の方向を考えたりするための大切なプロセスです。

　もちろん、研究発表などでは、はじめに調査ありきで、それをもとにティーシスが構築されるわけですが、もっと手軽なエッセイ形式の文書や提出物では、調査を進めながら構成していくことが多いでしょう。

　実際、人を説得するための文章では、**引用がないということはありえません**。学術的な裏付けがないものは、単なる想像や思いつきに過ぎないからです。当然、新製品や新サービスの発表の場であれば、顧客の声や比較データ等が必要になってきます。

　このような場合、調べたことは「参考資料」として、出典を示さなければなりません。なぜなら**引用先や出典を明記するのは剽窃や盗作をしていないことの証明**だからです。

　ビジネス文書の場合は、その場で引用先がわかるように「フットノート（脚注）」として引用先をページごとに示すケースが多いと言えます。

　学術論文の引用先（出典）の記述については、特に非常に厳しいルールがあり、必ず最後に「参考文献」としてまとめなければなりません。自分で考えたつもりであっても、先人がすでに発表している可能性も十分にあるため、剽窃ではないことを示す目的で出典をあとから探すという逆探知のような手順も必要になります。

　引用情報は、いつでも確認できるようにURLをコピーしたり、本であればタイトルと作者、出版社などを記録し、「**資料**」**として保存**しておきましょう。

　次に、引用した語句を含む**文章の最後に注番号**を入れます。これらは巻末注や脚注で、番号順に引用先を明示します。

　また、文章をそっくりそのまま引き合いに出すときには、その部分

を斜体にしたり「」でくくったりして自分の文章と区別することに加え、参考文献のリストに該当のページ数も示すようにします。

引用をする際に大切なことは、あとで他の人がその資料を参照できるだけの情報を含めることです。

58ページで完成させた序論をもとに、引用部分に注番号を振ってみました。この短い文章の中に6カ所もあります。 ◎2-8

映画「ターミネーター」は人間とAIの戦いを描いた人気映画シリーズだが、このような世界はもはやファンタジーではなくなっている。実際、現代の日本でAIはすでに活躍している[1]。たとえば、工場ではAI搭載自動搬送ロボット[2]が大量の荷を効率的に移動させている。また、病院では病気の診断にAIワトソン[3]が導入され、人間が見落としてしまうような症例に対しても、精密な診断[4]ができるようになっている。AI搭載機器は今後ますますさまざまな場面で応用されていくだろう。これを懸念して、「人工知能・AIによって奪われる職業ランキング[5]」といった記事がインターネットや雑誌[6,7]で発表されているが、AI搭載機器が人間の職業を奪うと予測するのは早計であろう。なぜならAI導入は、人間の負担を軽くすると同時に、新しい仕事を生み出すという恩恵があるからだ。

参考文献

1. The Huffington Post (11/29/2016). すでに私たちの日常に溶け込んでいるAI.
https://www.huffingtonpost.jp/2016/11/29/ntt-ai_n_13281528.html
2. OMRON (2/1/2017). モバイルロボットLDシリーズ.
https://www.fa.omron.co.jp/solution/sysmac/topics/mobile_robot.html
3. IBM. AI Watson ビジネスのためのAI.
https://www.ibm.com/smarterplanet/jp/ja/ibmwatson/
4. 現代ビジネス (10/27/2016). IBMの人工知能「ワトソン」、医者が思いもよ

らぬ治療法を続々発見．
https://gendai.ismedia.jp/articles/-/50067
5. IDEASITY（8/24/2017）．機械・人工知能・AIが奪う、なくなる職業・仕事のランキング．
https://ideasity.biz/jobs-replaced-by-machie-ranking
6. 野村総研（12/2/2015）．日本の労働人口の49％が人工知能やロボット等で代替可能に．
https://www.nri.com/-/media/Corporate/jp/Files/PDF/news/newsrelease/cc/2015/151202_1.pdf
7. 週刊現代（11/8/2014）．オックスフォード大学が認定　あと10年で「消える職業」「なくなる仕事」．
https://gendai.ismedia.jp/articles/-/40925

　いかがでしょうか。このように参考文献のリストを付けただけで、ティーシス文は単なる個人の見解ではなく、裏付けのある事実であることがはっきり伝わり、文章の信憑性がぐっと増したのではないでしょうか。
　番号はあとで付ければよいので、調べものをしながら上のようなリストを作っておくとよいでしょう。参考文献の表記上のルールについては、第3章の「引用の知識　Ⅱ」(88ページ) で詳しくご紹介します。

エッセイ・トライアングルを装備する❷
本論と結論をまとめる

本論は三層構造、結論は簡潔に

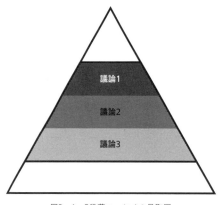

図3-1　5段落エッセイの見取図

ティーシス文が決まり、文章を練って序論が書ければ、次はいよいよ「本論」です。**本論はティーシスの正しさを証明する部分であり、通常3つの議論で成り立っています。**議論というと複数の人が声高に主張しているような場面を想像しますが、そのような論争ではなく、**ティーシスが正しいという理由、つまり「論拠」**のことです。

序論の1段落、本論の3段落、そして結論の1段落で、5段落のエッセイを完成させます（図3-1）。

本論ではなぜ、3つの議論が必要なのでしょうか。2つや4つでもよいのでしょうか。答えは「**なるべく3つにまとめる**」です。なぜかというと、**2つだと物足りなく、4つだと冗長に感じられる**からです。

題材によっては4つも5つも証明したいことがあるかもしれませんが、**まずは重要なものを3つ選んでください**。長大なエッセイや複雑な内容の場合は、3つにまとめるのは難しいかもしれません。そのような場合には、はじめに3つの大きなカテゴリーを考え、それをさらに3つにまとめて整理するようにします。

逆に、どうしても2つしか議論が思い浮かばない場合もあるでしょう。このような場合は、3つ目として「**反論（カウンター・アーギュメント）**」を用意するという方法があります。ここで言う「反論」とは、自分の意見に対する反論ではなく、「**予想される反対意見に対する反論**」です。「○○だという意見もある。この意見には△△の理由で（△△の観点からは）同意できるが、実のところは□□である」というように、**いったん反対意見を認めておいて、さらに強い議論を出してそれを覆す**のです。

反論が成功するとティーシス自体がとても説得力を持ちますので、ぜひ取り入れたいテクニックです。しかし、弱い反論を提示してしまうと逆に反対意見のほうが正しく見えてしまうため、要注意。強い議論が2つしかなくて、反論を入れると墓穴を掘りそうだと思ったときには、迷わず2つの議論にとどめてください。

　実際には、この3つの議論という枠組みに当てはまらないエッセイもたくさんあります。本書で3つの論拠を強調するのは、これもティーシスの位置やトピック文の作り方と同様に戦略的な意味があるからです。自分の書く・話すことが「**必要かつ十分**」であるという印象を与えるための**フォーマット**と言えます。

1. 議論の中身を見てみよう

トピック文・議論・接着文

　それぞれの議論は、❶**トピック文**（出だし）、❷**議論**（中身）、❸**接着文**（絞めくくり）という3つの要素で構成されています（図3-2）。

❶トピック文（出だし）

　まず、論点をまとめて一文で表したトピック文から始まります。トピック文は「**第一に**」「**第二に**」「**まず**」「**次に**」「**一方**」「**これに比べて**」「**最後に**」などの言葉から始まることが多く、これから述べる議論の論点を明確に提示します。

　このような紋切り型のトピック文ばかり使うのは、洗練された書き方とは言えず、実際に上のような言葉から書き始めるのは、小中

図3-2　本論の三層構造

学生の書いた文章のような印象があります。しかし、今は洗練度を多少犠牲にしても、明確さとわかりやすさを優先しましょう。**明快なトピック文があれば、読み手はストレートに論点が理解できます。**

「はじめに」でも説明したように、私たちがエッセイ形式を学ぶのは、**日本以外の国で伝えたり発表したりする際に、そのまま英訳すれば通じるような文章作成力を身につける**ためです。異文化間で誤解のない情報伝達をするために、まずはトピック文がはっきりわかるような書き方から練習してみましょう。

❷議論（中身）

論点を詳しく述べるところです。注意点はここに**複数の論点を交ぜない**こと。データ（数字や事実）を使い、**引用や裏付けを多く取り入れる**と、さらに説得力が増します。

❸接着文（締めくくり）

「接着文」とは聞きなれない言葉かもしれません。これは前著『考える・まとめる・表現する』で「グルー（接着剤）」と呼んでいた部分です。

接着するのはティーシスです。「序論の最後に位置するティーシス文に接着剤のようにくっつく文」という意味で、それぞれの議論の最後でティーシスを言い換えたり、ティーシスで使った言葉を用いて、**ティーシスの正しさを念押しして締めくくります**。ティーシスの長さや複雑さに応じ、接着文は一文のときもあれば、複数文になるときもあります。

2. 議論を積み重ねて本論を作る

次に、コロンビア大学の語学プログラム「ALP」のパトリック・アク

リィーナ先生のクラスで実際に出されたエッセイの練習課題と、筆者が提出したエッセイの日本語訳を使い、本論の組み立て方について詳しく見ていきましょう。

課題：よい子どもとは、どんな子どもですか？　（制限時間：60分）

　これは課題が賛成か反対か、白か黒かを一概には言えないオープン・クエスチョンですので、より自由に立場を決めることができます。
　また、制限時間がありますので、調べものをする時間はありません。専門知識や科学的な裏付けが必要な課題ではなく、個人の経験や知識をもとに、時間内にどこまで論理的に書けるかが問われる試験です。調べものをしなくてよいぶん手軽ですし、短時間に集中してエッセイ形式に則った小論文を作成する訓練になります。

　さて、どんなティーシスを思いつくでしょうか。たとえば「よい子どもとは、努力をする子どもである」というようなひとつの視点から、それに対して、努力をするのがどうしてよい子どもなのかを証明するやり方が考えられます。また、「すべての子どもはよい子どもである」という立場で論を進めることもできます。
　序論と<u>ティーシス（太下線）</u>の解答例はこちらです。

　人はみな誰かの子どもである。よい子であろう、よい子に育てよう、と思うのは、人類共通の基本的な感情ではないだろうか。親孝行で、人に親切で、明るく優しく、大きな夢のために努力する子というのは、誰にとっても、どこに住んでいても、いつの時代でも、大変よい子どもであるように思われる。しかし、<u>実はこのような普遍的によい子どもというものは存在しない。あるのは価値観の違いであり、それによって善悪が真逆になることもある。それゆえ、子どもの行動や考えに対し、自分がよいと思うことに固執せず、さまざまな価値観を想定してみることが必要であろう。</u>

このティーシス文は立場があり、議論性があります。よく見ると序論前半と後半では正反対のことを言っています。一般的に考えられるだろうという「よい子ども」の定義を覆す形の、いわば「反論（カウンター・アーギュメント）」を使ったティーシスです。
　では、この序論をもとに、本論構築の6つのステップを検証していきましょう。

本論構築の6つのステップ
　本論は以下の流れで作成していきます。

❶ 議論のメイン・アイディアを3つに絞る
❷ トピック文にする
❸ トピック文に対し、具体的に例に出す内容を決める
❹ 文章化する
❺ 接着文をつける
❻「議論2」と「議論3」のトピック文・本文・接着文を完成させる

個々のステップについて順を追って詳しく見ていきましょう。

❶議論のメイン・アイディアを3つに絞る
　ティーシスをよく読むと、「価値観の違い」がキーワードになっていることがわかります。これを軸に、3つのメイン・アイディアに絞ります。2つならもうひとつ考え、4つなら似たものはまとめたり、弱いものは切り捨てたりして、以下の3つにしたとしましょう。

メイン・アイディア1：親の価値観
メイン・アイディア2：文化習慣による価値観
メイン・アイディア3：時代による価値観

❷トピック文にする
1：親の価値観→親の価値観によって、よい子どもかどうかが決まる
2：文化習慣による価値観→文化習慣による価値観の違いがある
3：時代による価値観→時代による価値観の変化がある

❸トピック文に対し、具体的に例に出す内容を決める
　何を言いたいのかを2、3点ずつメモ書きします。このとき、最後にまとめの一文もつけましょう。まとめの一文には印（ここでは→）をつけておくとよいでしょう。

議論1のトピック文：親の価値観によってよい子どもかどうかが決まる。
・「言うことをきく子＝よい子ども」「聞かない子＝悪い子ども」
・親が泥棒の場合はどうか。
　→各家庭で違う価値観がある。

議論2のトピック文：文化習慣による価値観の違いがある。
・「日本：子どもの外出OK」「米国：子どもの外出禁止」
・文化の違いによって、同じ行動がよくも悪くも捉えられる。
　→土地が変われば違う考えがある。

議論3のトピック文：時代による価値観の変化がある。
・江戸時代と現代の比較
・時代により価値観は変わる
　→世代間にずれがあるのは当然である。

❹文章化する
　メモに基づいて、「議論1」を作成していきます。

> 議論1　親の価値観によってよい子どもかどうかが決まる。
> ・「言うことをきく子＝よい子ども」「聞かない子＝悪い子ども」
> ・親が泥棒の場合はどうか。
> 　→**各家庭で違う価値観がある。**

「議論1」は、たとえばこうなります。下線部が❷のトピック文、そのあとは2つのポイントを文章化してあります。

　<u>親の価値観によってよい子どもかどうかが決まる。</u>親の言うことを聞く子どもはよい子どもであり、聞かないのは悪い子どもである。親が泥棒なら、泥棒の手助けをする子どもはよい子どもで、警察に通報するのは悪い子どもということになる。通常は、人に親切にしたり落とし物を届けたりするのはほめられるべきことだが、それを価値として認めない親からすると、悪い子どもになってしまう。

❺接着文をつける

　まとめの一文とティーシスを読み直して、議論の内容とティーシスを重ねた言い回しを考えます。

　ティーシス：実はこのような普遍的によい子どもというものは存在しない。あるのは価値観の違いであり、それによって善悪が真逆になることもある。それゆえ、子どもの行動や考えに対し、自分がよいと思うことに固執せず、さまざまな価値観を想定してみる必要があるだろう。

　接着文（右頁の網掛け部分）は、「議論1」のメイン・アイディアである親の価値観に焦点を当ててティーシスを言い換えています。

　「議論1」の接着文は以下のようになります。

==つまり、親の考えにより真逆の評価があるため、誰にとってもよい子どもというものは存在しない。「よい」の基準は家庭によって違うものであることを忘れないようにしたい。==

このように、議論の最後に再びティーシスを想起させ、それが正しいことを確認するのが接着文の役割です。

「議論1」の全体は以下の通りです。

<u>親の価値観によってよい子どもかどうかが決まる。</u>親の言うことを聞く子どもはよい子どもであり、聞かないのは悪い子どもである。親が泥棒なら、泥棒の手助けをする子どもはよい子どもで、警察に通報するのは悪い子どもということになる。通常は、人に親切にしたり落とし物を届けたりするのはほめられるべきことだが、それを価値として認めない親からすると、悪い子どもになってしまう。==つまり、親の考えにより真逆の評価があるため、誰にとってもよい子どもというものは存在しない。「よい」の基準は家庭によって違うものであることを忘れないようにしたい。==

❻「議論2」と「議論3」のトピック文・本文・接着文を完成させる

「議論2」も「議論1」と同様に、❹❺の順で文章化します。

> 議論2　文化習慣による価値観の違いがある。
> ・「日本：子どもの外出OK」「米国：子どもの外出禁止」
> ・文化の違いによって、同じ行動がよくも悪くも捉えられる。
> 　→<u>土地が変われば違う考えがある。</u>

次頁の「議論2」のトピック文（下線部）のように「また」「次に」などの接続詞をつけると2つ目の議論ということがはっきりします。「子どもがひとりで外出する」という行動が、日米でどのような評価の違いがあるのか

をナローダウンし、具体的に違いを述べます。

　ここでは日本でほめられることが、米国では警察沙汰になるという対照的な例を挙げました。最後に、ティーシスを思い出させる接着文（網掛け部分）で段落を締めくくります。

　<u>また、文化習慣による価値観の違いがある。</u>日本では子どもがひとりでおつかいをしたり交通機関を利用したりすることを社会が受け入れている。ひとりでおつかいに出かける幼い子どもがテレビ番組になったり、えらいねとほめられたりする。ランドセルを背負った小学生が電車通学したり、小さい子どもが友達の家に遊びに行ったりするのは、日常よく見かける光景だ。しかし、たとえば米国では、多くの州で13歳未満の子どもがひとりで外出することを禁じており、それを許可した親も決行した子どもも注意を受け、逮捕や補導がなされることもある。子どもも単独行動に慣れておらず、もしひとりで電車に乗っていようものなら周りが心配して、まもなく警察官が保護に来るだろう。このように、同じ行動であっても国によって評価は大きく異なるため、普遍的な「よい子」というものは存在し得ない。そのため、同じ国であっても、習慣の違う土地に引っ越したときなどは、自分の考えるよさの基準がずれていないか確かめることが必要になるだろう。

議論3　時代による価値観の変化がある。
・江戸時代と現代の比較
・時代により価値観は変わる
　→世代間にずれがあるのは当然である。

「議論3」は本論の最後ですので、「最後に」「さらに」というような言葉で始めるとわかりやすいでしょう。もちろんこれは、エッセイ学習の初期段階で多用する方法ですが、まずは、明確にこの議論が最後だということがわかるようにします。あとは❹❺の順でメモをもとに文章化します。

最後に、時代による価値観の変化がある。厳しい身分制度があった江戸時代の社会では、農家の子どもは農業を継ぐのが普通で、勉強したい、侍になりたいという夢を持つのは分不相応なこととされた。しかし現代は、子どもが大きな夢に向かって努力するのは大変素晴らしいこととされている。同じことでもそれがよいこととして受け入れられるかどうかは時代によって異なり、いつの時代も普遍的な「よい子」というのは存在しない。江戸時代ほど遠くなくても、親世代と子世代では、よい子の定義が違うこともあり得るだろう。そのため、頑なに意見を通そうとせず、相手の価値観を理解しようとする態度が大事になるだろう。

　これで、各議論をひとことでまとめるトピック文と、ティーシスを想起させる接着文のある3つの議論が完成しました。 **練習問題❾**

議論の順序：「ディクレッシェンド型」と「クレッシェンド型」

　3つの議論の順序には、強いものから弱いものへと並べる「ディクレッシェンド型」と、弱いものから強いものへと並べる「クレッシェンド型」があります。強いものとは、説得力のあるもの、インパクトのあるもの、内容が興味深いと思われるもののことです。

　3つの議論の中で、おそらく最も衝撃的なのは、「議論1」の親が泥棒の例でしょう。親の価値観によって子どもの評価が変わる極端なたとえですが、それだけにインパクトは大きく、反論の余地がありません。実際、この議論だけで、「よい子どもの定義は不可能だ」と感じさせることができます。

　このように、**強い説得力やインパクトのある議論を先に出すディクレッシェンド型の並びは、ティーシスの正しさがよくわかり、その後の説明を読むまでもないという気持ちにさせることができます。**

　逆に、説得力やインパクトが弱いものから、たとえば一般論などから順次具体的な議論に入っていく、誰もが当然と思うものから個性的な議論に膨らませていく、という**クレッシェンド型**の並びは、有無を言わせず結論に

もっていく畳み掛けの効果があります。

　まずはディクレッシェンド型を習得する練習から始め、それに慣れてきたらクレッシェンド型の順番で本論を組み立てるのがよいでしょう。

練習問題❿

3. ティーシスを言い換えた結論で締めくくる

ティーシスに対応した結論を作る
　エッセイ・トライアングルの結論は、すでに序論で提示されている**ティーシスの言い回しを少し言い換えて繰り返すだけ**です。短い文章などでは省かれる場合もあります。言い換えて繰り返すのですから、**結論で新しい考えを提示してはいけません**。提示してしまうと、それはエッセイではなく、まじめに書いた独り言のように、主観的な文章になってしまうからです。

　本章で扱った「よい子どもとはどんな子どもか」という課題に、結論をつけて仕上げてみましょう。ティーシスのどの部分が結論と対応するのかは、下線と点線で示してあります。

　実はこのような普遍的によい子どもというものは存在しない。あるのは価値観の違いであり、それによって善悪が真逆になることもある。それゆえ、子どもの行動や考えに対し、自分がよいと思うことに固執せず、さまざまな価値観を想定してみる必要があるだろう。

　❶ティーシスの言い換えで結論を作成した例
　以上のように、よい子どもとは価値観によって変わるものであり、定義す

ることはできない。よい子どもであろう、よい子どもを育てようとするとき、もし違う家庭だったら、もし違う国だったら、もし違う時代だったらと考えて、狭い価値観に縛られないようにしたいものである。

　この中で、下線のついていない「よい子どもであろう、よい子どもを育てようとするとき」という部分は、序論の中にある「よい子ども」という言葉を使ったもので、新しい情報ではありません。

❷新情報を結論に含めた失敗例
　以上のように、よい子どもとは価値観によって変わるものであり、定義することはできない。もし違う家庭だったら、もし違う国だったら、もし違う時代だったらと考えて**近所づきあいをすれば、子どもはどの子どもにも好かれるだろう。**

　これは「近所づきあい」「どの子どもに好かれる」といった今まで一度も出てきていない新しい考えを最後に提示していますので、文章としておかしくなくても、せっかく構築してきたエッセイが違うところに着地し、台無しになっています。

❸フックにつながるリキャップを用いた結論の例
　以上のように、よい子どもとは価値観によって変わるものであり、定義することはできない。もし違う家庭だったら、もし違う国だったら、もし違う時代だったらと考えて、狭い価値観に縛られないようにしたいものである。私たちはみな誰かの子どもであって、よくあろう、よく育てようと自然に思うものであるから。

　これは最後の一文が、序論の出だし、フックと一致しています。

　フック：人はみな誰かの子どもである。よい子であろう、よい子に育てよう

と思うのは、人類共通の基本的な感情ではないだろうか。

このように、**最後にフックに戻ることを**「**リキャップ（再現、回帰）**」と言い、**まとまった印象を与えるテクニック**として、よく使われます。 練習問題⓫

この結論を使った全文は本章末（91〜93ページ）を参照ください。

4. ロジカルな文章にするためのテクニック

旧情報と新情報の2つを含ませる

前頁の❷では、新情報を最後に含めたことでエッセイそのものが台無しになる例を挙げました。このような新しい情報（単語や内容）の取り扱いには、エッセイ全体で注意が必要です。特に議論を構築する際には、**本文に「旧情報」と「新情報」の両方を含めなくてはなりません**。この2つの言葉は多くの方にとって耳慣れないものでしょう。なぜなら**日本語にはこのようなルールが存在しない**からです。

そもそも、ロジカルな話の進め方とはどういうものでしょうか。いちばん大切なことは、**事実に基づいている**ことです。憶測、希望、想像といった事実に基づかない考えではないということ。さらに、それらがひとつひとつ積み上げられ、**正しい道筋で話されている**こと。このような話の進め方が論理的だとされます。

事実に基づくというのは明快ですね。しかし、話がきちんと積み上げられ正しい道筋に沿っているかどうかは、どうやって判断するのでしょうか。

もちろん、途中を飛ばしたり省略したり、話が急に変わったりしないのが必須条件ですが、「事実をひとつひとつ積み上げる」とはどういうことでしょうか。大前提・小前提・結論という決まった形の三段論法や、こう

すればこうなるといった因果関係を表すのではない普通の文章で、どうやってロジカルかどうかを測ればよいのでしょう。

そこで役に立つテクニックが**旧情報と新情報の両方を含ませる**というものです。旧情報とはすでに話に出てきている情報のことで、新情報とははじめて話に出てきた情報のことです。ひとつの文章にこの2つが含まれる、つまり**新しい情報だけをつなげていくのをやめる**という方法です。

本論の新旧情報を分析する
先の「議論1」の本文を例に、分析してみましょう。

議論1
親の言うことを聞く子どもはよい子どもであり、聞かないのは悪い子どもである。親が泥棒なら、泥棒の手助けをする子どもはよい子どもで、警察に通報するのは悪い子どもということになる。通常は、人に親切にしたり落とし物を届けたりするのはほめられることだが、それを価値として認めない親からすると、悪い子どもになってしまう。

文章1：親の言うことを聞く子どもはよい子どもであり、聞かないのは悪い子どもである。
　旧情報：よい子ども（トピックで既出の単語）
　新情報：親の言うことを聞くのはよい子ども／聞かないのは悪い子ども

文章2：親が泥棒なら、泥棒の手助けをする子どもはよい子どもで、警察に通報するのは悪い子どもということになる。
　旧情報：親の言うことを聞く子どもはよい、聞かない子どもは悪いという考え
　新情報：泥棒にたとえた、社会的な善悪と家庭の善悪には違いがあるという考え

文章3：通常は、人に親切にしたり落とし物を届けたりするのはほめられるべきことだが、それを価値として認めない親からすると、悪い子どもになってしまう。
　旧情報：親によってよい悪いが決まる
　新情報：親切にする、落とし物を届ける、価値として認めるかどうか

　このように旧情報と新情報の両方を含ませるテクニックは、文章作成時だけではなく、確認のときにも大活躍します。たとえば旧情報を青、新情報を赤で下線を引いていくと、青が続く部分は重複の可能性が高く、言い換えを検討すべきところ、赤が続く部分は急に話が変わったり、論旨が独りよがり、あるいは非論理的な可能性があるところとわかります。
　特に英文で書く際には、新旧情報の交ぜ込みが十分でないと非論理的とみなされやすいので、日本語で書くときから留意しておくことがとても有効です。

新旧情報を確認と引用に応用する

　上の例は決められた時間内で書き終えるエッセイ課題なので、調べものもなく、したがって引用は必要としません。
　しかし、前章で序論に引用先の注番号とリストをつけたように、調べた事柄を軸にする場合、本論には多くの引用先の記載が必要になります。**特に新情報は、その正しさや妥当性をはっきりさせるために引用先の明記が必要**と言われており、英語の論文のなかでもとりわけ厳しく審査される博士論文などで、各文章に引用先の記載が必要と言われるのはこのためです。
　根拠のない新情報は厳しく指摘され、論理性に欠けるという評価がなされます。このような場合、新旧情報のルールを知らないでいると、何を指摘されているのかさっぱりわからず、訂正することもできません。

　新旧情報を青と赤で区別するだけで、**論理的な文章の構築に役立ち、重**

複している箇所や説明不足の箇所が見えてきます。さらにどこに引用が必要なのかも一目瞭然ですから、ぜひ試してみてください。

5. それでもルール通りにいかない場合

考えが変化したとき

さて、課題について詳しく調べていくうちに、思っていたことと違う結果を見つけたり、思いがけない事実を発見したりすることがあります。はじめに設定していたティーシスを変えたくなることもあるかもしれません。

そういう場合は、**ティーシスそのものやメイン・アイディア自体を変えてしまってかまいません**。最終的にまとめるまでは、いつでも練り直しが可能ということです。そんなときは以下のような手順で、立場そのものを見直してみましょう。

1. 題材について立場を決める
2. 立場に沿ってどのような意見にするかを考える
3. 考えたことが正しいかどうか書籍やインターネットで検証する
4. 他に立場に沿った事実があるか調査する
5. それらを通して何をいちばん言いたいのかを考え、ティーシス文を作る
6. 上記234を3つの論証になるようにまとめる
7. 本論中の3段落で、トピック文、論証本文、接着文を作成する

情報を収集してから考えるとき

また、立場やメイン・アイディアを決めずに、ひとまず情報を収集するというやり方もあります。その際の手順は以下のようになるでしょう。

1. 題材について調べる
2. 調べた結果からどのような議論が展開できるのか考える
3. それらの議論を総括する一文を作る
4. 3をもとにティーシス文を作成する
5. 2を3つの論証になるようにまとめる
6. 本論中の3段落で、トピック文、論証本文、接着文を作成する

　慌てて立場やティーシスを決めず、ひとまず情報を収集し、それらを見渡してから自分の考えをまとめていくという手順は、たとえばリサーチやレポートで一般的な手法です。

ティーシスを変更できないとき
　ここまでは、自分で納得がいく情報に基づき、納得のいくティーシスを作るときの方法でした。一方、立場やティーシスを変えてはいけない場合もあります。
　まず、ある立場やティーシスを支える議論を組み立てる課題を解くとき。これは、場合によっては自分の考えとは逆の立場でものを考えることになります。個人の感情を抜きにしてどのような議論を展開していくのがよいかを考えることは、論理的思考を身につけるうえでとても大切な練習になります。
　また、仮説に基づいて長期間研究を続けている、学術論文作成のために補助金を受けている、教授や団体のアドバイスを受けている、チームで作業しているなどのケースでは、仮説やティーシスは研究の意味であり目的であり評価された結果ですから、個人が勝手に変更できるものではありません。たとえ仮説と結果が食い違ったとしても、その食い違いをさらに説明し、研究の意味があったとしなければなりません。

　本書で取り上げる議論型エッセイは、何年も何カ月もかけて書くものではなく、一定の時間内に仕上げることが多いため、作成途中でどう変えよ

うと自由です。

6. 主観的な議論にしないためのテクニック

立場が決められるとき

　エッセイ・トライアングルを使って作成するティーシスや議論は、文書だけでなくディベートにも応用できます。ディベートは、対立する立場とティーシスの二手に分かれて議論の論理性を争う、いわば議論の競技です。

　初歩段階の練習では、たとえばグループを任意に2つに分け、Aグループは「SNSの恩恵は大きい」という立場、Bグループは「SNSは危険」という立場で議論させる、といったことを行います。

　このとき、SNSは嫌いだと思っている人がAグループにいても、それは個人的な感情であり、課題は「SNSの恩恵は大きい」と証明することですので、その立場に沿った考えをまとめ、裏付けとなるデータを揃えなくてはなりません。

　私たちはどうしても議論の勝ち負けにこだわったり、ある立場を擁護する側と対立する側に分かれてけんか腰になったり、「腑に落ちない」という思いを抱きがちです。

　しかし、それは感情の問題ですので、論理的な力を測るエッセイ試験や、ロジカルな議論を競うディベート・コンテストなどでは、このような感情は排除されるべきです。

　好き／嫌い、敵／味方などという対立を起こす感情を排し、ロジカルな議論をすることに慣れれば、議論の終わりに相手の論理性の高さをほめることはあっても、感情的なしこりが残るようなことはありません。これこ

そがロジカルな議論の醍醐味です。

　ですから、エッセイの練習で立場を決めるとき、**自分が本来そうだと思わない立場で議論をするのは、ディベートの練習として非常に役立つこと**です。

感情を切り離す訓練

　感情とディベートの問題について、もうひとつお話ししたいことがあります。ディベートは小学校から訓練したいロジカルな思考の訓練ですが、「ディベートの練習をさせるとけんかになってしまうことが多い」という悩みを、小学校の先生から聞くことがあります。これには3つの解決法があります。

> 1. 好き／嫌いを問うような、個人の気持ちが入りやすい課題にしない
> 2. 立場を決める際に、直感でそうだと思ったほうを選ばせない
> 3. 丁寧な導入の言葉を心がける

　たとえば「朝食に適した食物」というトピックの立場を、「ご飯派？パン派？」といった呼びかけで立場を決めてしまうと、準備、栄養、消化のよさなどに関する検討より、好き／嫌い、おいしい／まずい、家ではいつもこれ、といった**感情や感想が先に来てしまい、双方が大声で自分の好みを主張することになりがち**です。

　一方、「地震時に必要な行動」「通いやすい通学路」などのように、**話し合うことが共通の利益につながる課題であれば、感情のぶつかり合いは防げる**でしょう。

　また、多少の感情移入がありそうな課題、たとえば「海と山、遊園地と公園では、どちらが遠足に適しているか」などであっても、自分の好みとは関係なく立場を割り振れば、より冷静に取り組むことができます。

　そして最も重要なのが、**トピックの紹介文をよく練ること**です。

先の「朝食に適した食物」というトピックでも、たとえば「朝食は一日の最初の食事です。7〜8時間の睡眠後に適した食事とは体にどんな影響を与えるものでしょうか。朝起きてから家を出るまでの時間が短いことも考えて、朝食に向いていると思われる食物を挙げ、その理由を3つ挙げましょう」など、**ポイントは「好き／嫌い」ではないことをはっきりさせる**と、論理的に考えることができるようになります。

　広い視点を持つことができる導入の言葉は、感情と論理を分ける練習では非常に重要です。

　第2章ではティーシスについて、「論文や発表の中で自分がいちばん言いたいことであり、誰でも考えつくような意見ではなく、オリジナルなものである」と説明しました。しかし、ティーシスを作成する練習の際には、さまざまな立場のさまざまな意見で議論を形作っていくことが大切です。

7. プレゼンとスピーチに応用する

　ここまで紹介してきた序論、本論、結論、引用のテクニックは、プレゼンやスピーチなど口述発表の際もまったく同じように活用できます。

　しかし、「エッセイ・トライアングル」に則って完璧な原稿を書いても、それを最初から最後まで読み上げてしまっては台無しです。下を向いて原稿をめくりながら話すのでは、聞き手の興味も薄れてしまいます。

　それを避けるために、大統領や首相の演説では、顔を上げたまま原稿を読むことができるプラスチック板のような「プロンプター」が利用されます。堂々と聴衆を左右に見渡しながら演説するさまは、原稿を読むスタイルに比べて、実に説得力があります。この装置はまだ一般的ではなく、利用できる機会は限られていますが大変有効なものです。

　また、特にプレゼンでは、ビデオクリップやプレゼン用ソフトなどの音

声や視覚情報が使えますし、強調したいことをゆっくり大きな声で話す、聴衆とのやりとりを盛り込むなど、**コミュニケーションを取りながら話を進める**ことができるという利点があります。

　これらの利点を大いに活用して、より効果的にエッセイ・トライアングルに則った話を伝えるには、いくつかの準備が必要になります。

プレゼン用ソフトを使わない場合

　結婚式や歓迎会・送別会のスピーチなどでは、話をエッセイ・トライアングルでまとめたメモを作っておきましょう（図3-3）。フック、序論、言いたいこと、3つの例、まとめの順ですが、三角形に重要な言葉をメモしておいて数回練習すれば、時間配分などもつかめます。

図3-3 エッセイ・トライアングルを使ったメモの一例

　これをPDF化してスマートフォンやタブレット端末に保存しておけば、なくすこともありません。

　パネル討論会での発表など、もっと細かいメモが必要な場合は、エッセイ・トライアングルを箇条書きにした右頁のようなアウトラインを用意し、要点をまとめておきます。

　議論で使うデータや数字、それらの引用先などの情報は、文書を見ながら読み上げてもまったくおかしくないどころか、よく準備ができている、あるいは信頼できる情報であるという印象を与えることができますので、そのような情報もまとめておくとよいでしょう。 練習問題❶❷❸

アウトライン

序論

フックまたは序文 _____

ティーシス _____

本論

   議論 1

      論点 _____

      詳細 1 _____

      詳細 2 _____

      詳細 3 _____

      接着文 _____

   （議論 2・3 も同様）

結論

_____

プレゼン用ソフトを使う場合

　プレゼン用ソフトを利用してよい場合は、もっと楽です。スライドの中に重要な言葉があるので、それを文章化して話すだけでよいからです。

　しかしありがちなのは、完璧なプレゼン資料を作ろうとするあまり、**多くの情報を1枚のスライドに詰め込みすぎてしまう**ことです。これでは、聴き手は文字を追うことに気をとられてしまったり、資料をもらえたらそれでよいなどと考えてしまい、話を理解しようという意欲や集中力が削がれてしまいます。

　また、スライドの文字を順に読みあげるだけの発表スタイルも、原稿を読んで聴衆を見ない発表と同様、**双方向のコミュニケーションという要素の薄い、一方的な発表のように感じられる**でしょう。

　最近、米国中西部で開催されたある国際的なコンベンションでは、米国の新進企業が「生きる」や「つながり」といった象徴的な単語をひとつだけ映し出すシンプルなプレゼンで、生活に溶け込んでゆくテクノロジーについて話しました。

　一方、アジアから参加したグループは、さまざまな色文字とグラフと表で埋め尽くされた資料を用意し、それは膨大なリサーチの証だったのですが、結局、聴衆にとっては焦点が曖昧で印象が薄いプレゼンになってしまいました。

　この違いに気づいてあらためて会場を回ってみると、最先端をいく企業ほどシンプルな資料を作り、伝統的な学会や大学の発表ほどテキストが詰まった資料を作る傾向があり、筆者にとっては、内容より話のまとめ方と伝え方の違いが大変興味深く感じられました。

　さて、プレゼン用ソフトは、ビジュアル資料によって理解を深めるためのツールのひとつですから、すべての情報を網羅する必要はありません。エッセイ・トライアングルでプレゼン全体を用意し、ティーシスとトピック文をよく推敲し、**言いたいことがすっきり伝わるビジュアル資料を作るの**

がコツです。

効果的な発表の仕方

・提示するもの1：ポイント（序論とティーシス）

完全なティーシス文は、むしろ口述したほうがわかりやすい場合があります。キーワードと印象的な図版や写真を載せただけの**簡単なスライドであれば、それを読み上げる必要はなく、聴衆の顔も自然と発表者の方に向く**でしょう。そこでキーワードを文章化してティーシス文を述べれば、大変わかりやすい序論となります。

たとえば、「オンライン・ショッピングの促進」というテーマで発表する場合、「オンライン・ショッピングはシニア世代にこそ利用してほしい」というのが自分のいちばん言いたいことであるとします。

そこで、スライドのタイトルを「シニア世代のヘルパー：オンライン・ショッピング」とし、そこにシニア世代のカップルの写真をつけます。さらにフックとして以下のようなエピソードを話し、序論を進めます。

3年前、祖父が同じ洋服を2度送ってきた。聞いてみると、前に誰に何を送ったのか忘れたとのこと。しかし昨年からオンライン・ショッピングを利用するようになり、購入履歴を確認できるようになったので、重複や送り忘れがなくなった。

この例であれば、序論に必要なスライドは1枚だけですむでしょう。

・提示するもの2：詳細（本論）

プレゼン用ソフトを使って説明する際、ポイントと詳細ですべてでは？と思われるかもしれません。しかしここで言う「詳細」とは、たとえばグラフや地図、図版などのことです。それらが引用したものであれば、引用先の情報も掲載しましょう。その際、**ひとつのスライドにはひとつ、多くて**

も3つの要素までに抑えます。

　たとえば、オンライン・ショッピングの利用度を地域別に色分けした地図などは、見る範囲が非常に広範であるため、それだけでもよいでしょう。

　比較させたい場合は、並列で2つあるいは3つまで。原因と結果を表したい場合も、**いくつもの原因と結果を1枚のスライドに詰め込まない**ようにします。こうすると、プレゼン用ソフトに頼る発表ではなく、ビジュアル資料としてプレゼン用ソフトを有効に活用した発表となり、聞き手はあなたの話に集中することができます。

・例外：すべてを網羅するプレゼン資料

　株主総会や理事会などで使われる資料は、何かを理解してもらうタイプの発表の資料とは違い、1年間の活動のすべてを網羅し、細かい会計の報告をしたり、決議事項を話し合ってもらうための資料です。

　このような場合は、手元資料とまったく同じものを会場のスクリーンに映し出し、ひとつひとつを読み上げて説明すべきでしょう。先の発表例の資料の作り方とはまったく違うものになります。

引用の知識 II

　参考文献の書き方は、実は学会や業界ごとに特徴があります。各領域で定められたマニュアルはいずれも辞書のように厚いのですが、現在ではインターネット上で確認することができます。

　参考文献が必須となる博士論文や研究論文などは数百ページ以上のものもたくさんあります。そんなとき、引用したものの記載方法がひとりひとり違っていては、その研究が過去の研究結果を踏まえているのかを判断する作業が非常に面倒になります。

　参考文献だけではなく、目次や文書そのものの記載ルールについてもこれは言えることで、それらの書き方が統一されていれば、論文段

階でそのまま出版できるスタイルであることになり、非常に効率的です。同じ分野の論文は同じ方法で書くことが求められるため、そのルールが、スタイルガイドとしてまとめられてきました。

　スタイルガイドは、米国発の英語文書用の書式ルールですが、世界中のコンピュータに保存されているファイルの80％が英語で書かれ、電話メールやファックスなどの通信の75％が英語でなされ、世界的に有名な学術論文データベースScopusに保存されている論文の80％が英語で書かれている現状から、米国のスタイルガイドが世界中で広く採用されるようになりました。 3-1

代表的な引用表示のルール

　公式のスタイルガイドとして広く認められているのは、以下の3つです。

❶アメリカ心理学会論文作成マニュアル（APA）
❷シカゴ式スタイルマニュアル（CMS）
❸アメリカ現代言語学会による学術書出版のスタイルガイド（MLA）

　スタイルガイドは、目次、章立て、ページ、段落など、すべてに関わるもので、ガイドといっても書籍並みのボリュームがありますが、ここでは、引用した資料をまとめて表記する参考文献の書き方の違いを簡単にご紹介します。

❶アメリカ心理学会論文作成マニュアル（APA） 3-2

　APAは1982年に創設されたアメリカ心理学会の定めるスタイルガイドです。社会科学や人文科学などの分野で使われる文書スタイルであり、ハーバード大学の出典提示方法を取り入れています。

　参考文献は最後に「リファレンス（References）」としてまとめます。引用先の書籍は「著者の姓（,）（出版年）（,）タイトル（.）項目タイトル（,）章などの

番号 (,) ページ (,) 出版都市州名 (:) 出版社 (.)」の順です。文章をそのまま引用する場合は、章などの番号とページの明記も必要です。

　また、インターネットからの引用は「氏名 (出版月日) (.) 記事のタイトル (.) URL」の順となります (カッコ内のコンマやピリオドも必要となります)。学術書のほとんどはAPAを使って書かれています。

例：Calfee, R. C., & Valencia, R. R. (1991), APA guide to preparing manuscripts for journal publication. Washington, DC: American Psychological Association.

❷シカゴ式スタイルマニュアル (CMS、CMOS、またはChicagoと略示) 🔊3-3

　1906年に発表され、ビジネス、コミュニケーション、経済、歴史の分野で使われている文章作法です。シカゴ大学出版によるもので、15人の編集委員がアメリカ英語文法をもとに文章作法を決め、改訂を行っています。

　その特徴は、**引用情報が脚注として各ページの最下部に置かれることです**。その場で引用先の確認ができる便利さから、ビジネス文書ではシカゴ式がよく使われます。

　たとえば、新聞記事を引用したときにCMS式で表記する場合、脚注は以下のようになります。「姓 (,) 名前 (.) (") タイトル (.) (") 新聞・雑誌名 (.) 発行月日 (,) 年 (.) 読んだ月日 (,) 年 (.)」

例：1.Silver, Nate. "Beautiful Minds." The New York Times. July 13, 2013. Accessed August 04, 2015.

❸アメリカ現代言語学会による学術書出版のスタイルガイド (MLA) 🔊3-4

　1985年に初版が発表され、2008年の第3版以来しばらく更新されていませんでしたが、デジタル書籍の普及により、2018年6月に新しくインターネットの情報を加えることなどが加筆されました。

　最新のMLAで示されている書籍の引用先表示は、「姓 (,) 名前 (.) 書籍名

(.) 出版社 (,) 出版年 (.)」となります。サイトがあればその「タイトル (.) 参照した年月日 (.) URL」の順で示します。

例：Gleick, James. Chaos: Making a New Science. Penguin, 1987.

　MLAは人文科学分野において米国、カナダなどで広く使われています。特に英文学を中心にして、比較文学、文学批評、メディア学、文化人類学などの分野で、大学院レベル以上の文書に用いられる作法です。

　上に挙げた例に加え、複数の著者によるもの、翻訳本、名作集などでも書き方は変わってきますし、一字一句を引用した場合のページの表記法もスタイルによって変わります。正式に表記したい場合は第6章にあるリンクからスタイルガイドをご参照ください。

課題「よい子どもとは、どんな子どもですか？」（67ページ）の解答例全文

　人はみな誰かの子どもである。よい子であろう、よい子に育てようと思うのは、人類共通の基本的な感情ではないだろうか。親孝行で、人に親切で、明るく優しく、大きな夢のために努力する子というのは、誰にとっても、どこに住んでいても、いつの時代でも、大変よい子どもであるように思われる。しかし、実はこのような普遍的によい子どもというものは存在しない。あるのは価値観の違いであり、それによって善悪が真逆になることもある。それゆえ、子どもの行動や考えに対し、自分がよいと思うことに固執せず、さまざまな価値観を想定してみる必要があるあろう。

　親の価値観によってよい子どもかどうかが決まる。親の言うことを聞く子どもはよい子どもであり、聞かないのは悪い子どもである。親が泥

棒なら、泥棒の手助けをする子どもはよい子どもで、警察に通報するのは悪い子どもということになる。通常は、人に親切にしたり、落とし物を届けたりするのはほめられるべきことだが、それを価値として認めない親からすると、悪い子どもになってしまう。つまり、親の考えにより真逆の評価があるため、誰にとってもよい子どもというものは存在しない。「よい子」の基準は家庭によって違うものであることを忘れないようにしたい。

　また、文化習慣による価値観の違いがある。日本では、子どもがひとりでおつかいをしたり、交通機関を利用したりすることを社会が受け入れている。ひとりでおつかいに出かける幼い子どもがテレビ番組になったり、えらいねとほめられたりする。ランドセルを背負った小学生が電車通学したり、小さい子どもが友達の家に遊びに行ったりするのは、日常よく見かける光景だ。しかし、たとえば米国では、多くの州で13歳未満の子どもがひとりで外出することを禁じており、それを許可した親も決行した子どもも注意を受け、逮捕や補導がなされることもある。子どもも単独行動に慣れておらず、もしひとりで電車に乗っていようものなら周りが心配して、まもなく警察官が保護に来るだろう。このように、同じ行動であっても国によって評価は大きく異なるため、普遍的な「よい子」というのは存在し得ない。そのため、同じ国であっても、習慣の違う土地に引っ越したときなどは、自分の考えるよさの基準がずれていないか確かめることが必要になるだろう。

　最後に、時代による価値観の変化がある。厳しい身分制度があった江戸時代の社会では、農家の子どもは農業を継ぐのが普通で、勉強したい、侍になりたいという夢を持つのは分不相応なこととされた。しかし現代は、子どもが大きな夢に向かって努力するのは大変素晴らしいこととされている。同じことでもそれがよいこととして受け入れられるかどうかは時代によって異なり、いつの時代も普遍的な「よい子」というのは存

在しない。江戸時代ほど遠くなくても、親世代と子世代では、よい子の定義が違うこともあり得るだろう。そのため、頑なに自分の意見を通そうとせず、相手の価値観を理解しようとする態度が大切になるだろう。

　以上のように、よい子どもとは価値観によって変わるものであり、定義することはできない。もし違う家庭だったら、もし違う国だったら、もし違う時代だったらと考えて、狭い価値観に縛られないようにしたいものである。私たちはみな誰かの子どもであって、よくあろう、よく育てようと自然に思うものであるから。

6つの図を使って創造的に考える

アイディアを思いつかない？ ➡ 「考える図」を使おう！

1. 「創造性」の本当の意味

「創造的思考」とは型にはめて考えること

　エッセイ・トライアングルの構造は実に単純明快です。一方、ティーシスを考える、説得力のある議論を考える、トピック文や接着文を考える、フックとリキャップでスマートにまとめるように考える、といったさまざまな考える作業は、少し複雑に感じられるかもしれません。

　考える対象が自分の不得意な分野だったり、あまりにも多様な見方ができる課題だったりすると、何から手をつけてよいのかわからない、よいティーシス文や議論のアイディアが浮かばない、ということもあるでしょう。考えすぎて同じところをぐるぐる回ってしまい、着地点が見つからないという頭の痛い状況、いわゆる煮詰まった状態は、誰もが一度や二度は経験ずみですね。

　でも、「創造的に考えるコツ」を習得すれば大丈夫。もうそんな経験をしなくてすみます。この章では、エッセイ・トライアングルとは一見関係ないように思える考え方の訓練を行います。これからのエッセイ作成がぐんと楽しくなるための準備運動ですから、ぜひ取り組んでみてください。

　私たちが、考えがまとまらない、よい発想ができないと思う原因のひとつに、**「考えは無限にある」**と錯覚していることがあります。これは**「創造的に考える＝自由に考える」という誤解**に起因するものです。

　これまで、さまざまな場面で、深く考えよう、自由に考えなさいなどとアドバイスされたことはありませんか？　その通りにできるときはよいのですが、真摯に問題に取り組んでも考えが浮かばないときは、困惑するばかりです。

　なぜなら、こうしたアドバイスには**現実的な助言や解決策**がいっさい含まれていないからです。むしろこれらの言葉がプレッシャーとなり、自分はまだ考えが足りない、創造性がない、などと焦って、前に進めなくなっ

てしまうこともあるかもしれません。

　深く考えよう、自由に考えよう、といった呼びかけがなされる理由は、**「思考は無限」という錯覚**によるものです。また、創造的に考えよう、自分らしく考えよう、などと励まされる理由は、**「創造的思考とは自由に考えること」という誤解**があるからです。

　正しくは、**「思考の方法は有限」「創造的思考とは型にはめて考えること」**です。私たちの常識とは真逆に聞こえますね。
　しかし、この2つの真理を理解すると、誰でも「考える」作業が今よりずっと得意になります。そして、自分の経験や興味と無関係の課題についても、創造的思考（クリエイティブ・シンキング）ができるようになります。有限であり型があるので、茫漠と考える苦痛から解放され、考えることがとても楽しくなるでしょう。

思考の方法は有限

　はじめに「考える対象」を探してみましょう。あなたの周りを見渡してみてください。何が目に入りますか？
　天井、床、窓、家具、電化製品や本、衣類など、私たちは数えきれないものに囲まれています。顕微鏡的な見方をすれば、空気中にもさまざまなものがあります。一枚の写真を見たときにそこから考えることはたくさんあるでしょう。一歩外に出ても考える対象は膨大にあります。
　目に見えるものだけでなく、家族、恋人、仕事、職場、歴史、哲学、スポーツ、科学、芸術、政治、宇宙……これらはすべて考える対象です。**考える対象は無限**です。
　しかし、当たり前のことですが、それひとつひとつに見合った特別の思考方法があるわけではありません。私たちはここを混同しがちです。たとえば、今夜何を食べようかなと考えることと、志望大学をどこにしようかと考えることは、思考対象は違いますが、いずれも「**比較する**」という思考法を使って決断する点で同じです。

日曜日に何をしようかと考えることと、仕事のマニュアルや料理のレシピを作成することも、同様に「**順序立てる**」という思考法を軸にしています。

　また、なぜけんかになったのかを考えることと、新しい技術が社会にどんな影響を与えるかと仮説を立てることは、「**原因と結果を見つける**」という同じ思考法を使うことになります。

　つまり、問題の種類や難易度、性質にかかわらず、私たちはいくつかの限られた思考法を組み合わせて考えているにすぎません。「**何を考えるかは無限**」「**どう考えるかは有限**」というわけです。

> **コラム**
>
> **解明が進む「考え方のパターン」**
>
> 　ギリシャ哲学のソフィストから現代のニューロ・サイエンティストにいたるまで、人間の思考については長い歴史のなかで、実に膨大な研究がなされてきました。しかし、これらは思考を研究対象としたものであり、思考方法を分類したものではありません。
>
> 　一方、考え方のパターンを抽出する試みが、近年、教育心理学の分野で行われるようになっています。
>
> 　カリフォルニア州立大学元教授で多くの教育心理学の著作を世に出したアーサー・コスタ博士は、人間の考え方と感じ方を『16の心の習慣』にまとめました。
>
> 　また、コスタ博士に学んで「シンキング・マップ」を考案し、全米の教育機関に普及させたデイヴィッド・ハイアリー博士は、コスタ博士の研究をもとに、私たちの考え方を8つの思考図にまとめ、あらゆる分野で活用できる「考え方のツール」を提唱しています。●4-1～4-3

考え方の6つのパターン

　創造的思考とは型にはめて考えること。そう言うと、とても矛盾しているように感じられるかもしれません。なぜなら、創造的思考とは、何かと

ても自由で、既成の枠に収まらず、独創的で驚くべきものというイメージがあるからです。「型にはめる」とは真逆のような気がします。

しかしこれは誤解です。まず、創造性とは決して何もせずに育つものではないからです。たとえば、無から有を作るような創造性を持った作家、芸術家、音楽家、発明家などは、「創造的な活動をしなさい」と言われただけで作家や発明家になれたかというと、そうではありません。

私たちがなんの準備も練習もせずに、いきなりよい成績を残すことができないのは、どの分野でも同じです。持って生まれた才能があっても、基礎的な技術を身につけたうえで、高いレベルを目指して努力を続けなければ、創造性をうまく開花させることはできません。

アインシュタインも学校に行きましたし、モーツァルトも小さい頃から音楽の訓練を受けました。これらの教育をまったく受けられないような環境にいたとしたら、彼らの業績は違ったものになっていたでしょう。

つまり、**創造性とは訓練してはじめて開花するもの**、そして、**訓練とはパターン化することができるもの**。さらに、**パターン化とは型にはめるということ**です。

しかも、**「考え方のパターン」はわずか6つ**です。この6つの考え方のパターンは、筆者がハイアリー博士の8つの考え方をさらに整理し、一般になじみのある図を応用してまとめたものです。

❶ 発想する
❷ 分類する
❸ 比較する
❹ 原因・結果を見つける
❺ 順序立てる
❻ 類似・相似を見つける

この6つの流れに沿って問題に取り組めば、今までよりずっと多くの結果を得られるでしょう。**それは思い込みや誤解などがない、よく考え抜かれたあなた独自の創造的な考えになります。**

> **コラム**
>
> **SWOT分析**
>
> 　型にはめて考えるひとつの例に、「SWOT分析」◐4-4 が挙げられます。これは、ビジネス・コンサルタントのアルバート・ハンブレイ氏 ◐4-5 が考案した分析法で、新しい事業やプロジェクトを始めるときなどに、強み（Strengths）、弱み（Weaknesses）、機会（Opportunities）、脅威（Threats）の4つのカテゴリーから検討し、経営戦略として正しい判断を導くというものです。
>
> 　これは考えるパターンを示したものではありませんが、「考える対象はさまざまでも、考える方法は共通」「型にはめて考えることは、考えを広げること」という特徴をよく示しています。

　では、6つの考えるパターンをひとつずつ確認していきましょう。ここから先は、実際に書き込みをしながら練習をします。ノート、大きめの附箋、表計算アプリ、プレゼンテーション用アプリなど、使いやすい道具をご用意ください。

2. 考えるパターン1：発想する

　ここで言う「発想する」とは、無から有を生み出すといった意味ではなく、**記憶・知識・連想を駆使して、ある対象（トピック）を掘り下げる作業**のことです。それがなんであるか、何と関連するか、連想されるものは何かなど、思いつくままにどんどん挙げていきます。

一通り書き出したあと、同じもの同士をグループ別にまとめます。この作業によって**トピックに対する理解が飛躍的に深まり**、**ぼやけていた焦点が定まる**のが実感できるでしょう。

ドーナツ図

1枚の紙を用意して、太めのドーナツを描きます（図4-1）。ドーナツの穴に考える対象、つまりトピックを書き入れます。ドーナツの部分には、トピックについて思いつくこと、連想すること、知っていることなどをどんどん書き込みます。単語、不完全な文章や句、数字、写真、シンボルなど、なんでもかまいません。

図4-1　ドーナツ図

時間をかけられる場合は、本やインターネットでトピックについて調べ、それを書き足すのもよいでしょう。

たとえば、「私のペット」というテーマで、ドーナツ図を使って考えてみましょう。トピックにペットの名前（この例では「そら」という犬）を入れ、ドーナツの部分に「そら」について思いつくままに書いていきます。

次に、思いつくままに書いたことをグループ分けします。ここでは「そら」の見た目の情報、性格、好き嫌いの3つに分けてみます（図4-2）。

トピックがなんであっても、手順は同じです。

1. 思い出すこと、知っていること、連想すること、思いつくことを書く
2. 一通り書けたら、それをグループ分けする
3. 同じグループのものは線で結んだり、丸で囲んだり、マーカーで色分けする

第4章　6つの図を使って創造的に考える

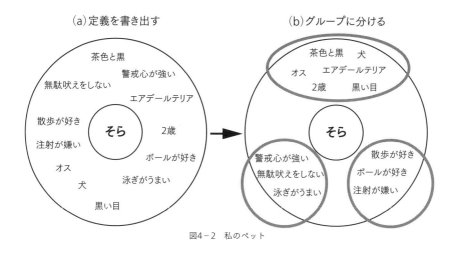

図4-2　私のペット

　慣れてきたら、同じようなもの同士を近くに書きましょう。描写する言葉が多い場合や数人で一緒に考える場合は、大きめの附箋などを使います。

　何かについて深く考えることのできるドーナツ図は、着想を得るためにとても便利な図です。たとえば、結婚式や離任式などで、ある人について話をするとき、書評や感想文を書くとき、課題について文章を書くとき、報告や提案の内容をまとめたいときなど、さまざまな場面で使うことができます。

　右頁に紹介するのは、「自転車旅行計画」のドーナツ図です（図4-3）。時期、日程、予算、目的地など、計画に必要な大きな項目を挙げ、その近くにこれから考えることを書いていきます。関係性の高いものを矢印でつなげてあります。
　これをたたき台にして、あとで説明する「比較する」「順序立てる」などの考え方につなげていけば、わかりやすく、よく練られた旅行計画になるでしょう。

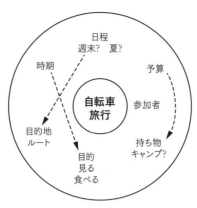

図4-3　自転車旅行計画のドーナツ図

　今度は、友人一家が家族3人での富士山初登頂を果たしたときの思い出を思いつくままに書き出したものです（図4-4a）。

タイトル「昨年いちばんの思い出」
トピック：富士登山

図4-4a 思いつくままに書き出したもの

第4章　6つの図を使って創造的に考える

これらの言葉を要素別にグループ分けしてみます（図4-4b）。

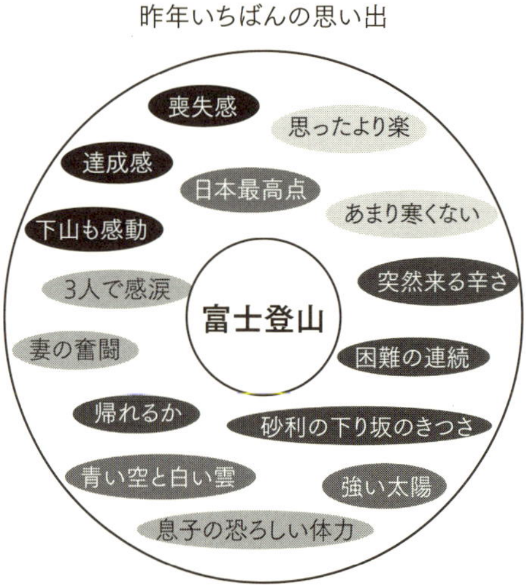
昨年いちばんの思い出
喪失感
思ったより楽
達成感
日本最高点
あまり寒くない
下山も感動
3人で感涙
突然来る辛さ
富士登山
妻の奮闘
困難の連続
帰れるか
砂利の下り坂のきつさ
青い空と白い雲
強い太陽
息子の恐ろしい体力

図4－4b　要素別にグループ分けしたもの

次に、同じ要素ごとにまとめます（図4-4c）。

昨年いちばんの思い出
日本最高点
青い空と白い雲
強い太陽
思ったより楽
あまり寒くない
喪失感
達成感
下山も感動
富士登山
突然来る辛さ
困難の連続
帰れるか
砂利の
下り坂のきつさ
3人で感涙
妻の奮闘
息子の恐ろしい
体力

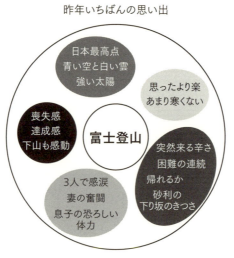

図4－4c　同じ要素ごとにまとめたもの

この中で「いちばん伝えたいこと」を決めます。たとえば、「妻の奮闘」と「息子の恐ろしい体力」に焦点を当てて、普段の生活では目にすることのできない家族の姿をまとめてみると、この体験を話したり書いたりするときのポイントがはっきりします。
　この図を参照すれば、エッセイ・トライアングルに当てはめてティーシス文を決めたり、3つの論点に絞ったりする作業も、効率よく進めることができるでしょう。 ■練習問題⓮

ブレインストーミング
　ドーナツ図を使い、知識や発想を駆使して掘り下げる方法は、アレックス・オズボーン氏が考案したアイディア出しの会議方法「ブレインストーミング」とまったく同じです。ブレインストーミングは、複数人でひとつの題材について思いつくことを大きな紙に書き込んだり、附箋に書いたキーワードをホワイトボードに貼るなどして、アイディアを出す作業です。
　共同作業をすることによって情報共有でき、自分とは違った視点の考えや知識を得ることも可能です。また、新しい可能性や関連性を見つけたり、あるトピックについて理解を深め、それを共有するうえでも最適な方法です。

　ブレインストーミングでは、特徴をいくつか書き込んだところで、同じグループに属すると思われるものをまとめていきます。関連のある事柄を近くに書き込んだり、色分けしたり、つなげたり、附箋の位置を動かしたりして、たとえば形状、性質、役割、目的などでグループ分けし、話し合いを整理していきます。
　こうして、ドーナツ図やブレインストーミングを用いて知識やアイディアが集まってくると、その対象を定義できるようになります。この定義は、辞典に載せるような言葉の定義ではなく、その時々の必要性や状況や知識量、目的などに応じて自分の言葉で表した大変ユニークなものになります。

人間は一度に4つの異なる事柄について考えることができるそうですが○4-6、そのようなマルチタスク型、言い換えると**散漫になりがちな私たちの脳をひとつの事柄に集中させ、さまざまな知見をもとに理解を深める**うえでも、このシンプルなドーナツ図は最強のツールになるでしょう。

> **コラム**
>
> **マインドマップで記憶を整理する**
> この考え方のパターンを突き詰めたものが、トニー・ブザン氏の「マインドマップ」です。マインドマップを使うことで複雑な事象を可視化し、わかりやすく表現し、理解・記憶することができます。
> マインドマップは、連想と関連性に基づいて、重要な事柄や概念の詳細をカラフルに描き出す手法です。私たちの記憶のメカニズムをそのまま図式化することができると言われています。○4-7

3. 考えるパターン2：分類する

「考えるパターン1：発想する」では、最後に同じグループのもの同士をくくったり色分けしたりしてまとめました。もう少し複雑なものをまとめるときには、根拠や理由のあるルールに従って、大きなものから小さなものへと分類していきます。**分類方法には、「樹形図」と「構造図」の2通りがあります。**

樹形図

私たちがよく目にする、線でつながれ枝葉のように分かれていく図を「樹形図」と言います。上から下へ続く図と左から右へ続く図があり、どちらか書きやすいほうを使います。作業過程でさらに細かい枝分かれが発生

するときもあります。

　このような図を使って図式化すると、まるで頭の中に引き出しをつけたように複雑な情報もすっきりと整理でき、それが何に役立つのかを理解し、記憶するのに役立ちます（図4-5）。

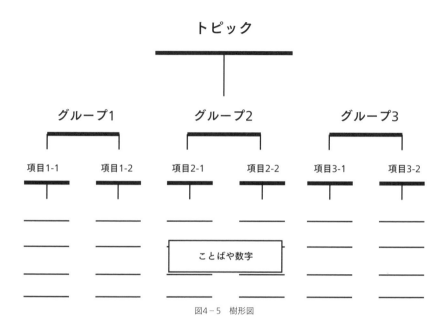

図4-5　樹形図

　例として、楽器の分類を樹形図で書いてみましょう。楽器をトピックとすると、その下位には、鍵盤楽器、弦楽器、木管楽器、金管楽器、打楽器などが並び、さらにそれぞれの下位にバイオリンなどの楽器名を入れた図になります（図4-6a）。

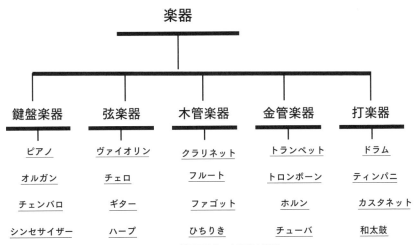

図4-6a 樹形図を使った楽器分類例

また「どのように音を出すか」という点に注目して、さらに細かく木管楽器を分類すれば、下のような樹形図になります（図4-6b）。

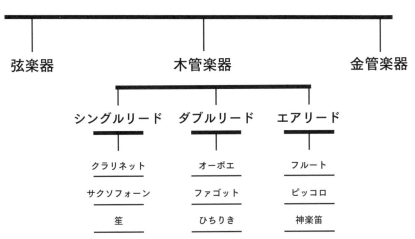

図4-6b 樹形図による木管楽器部分の分類例

どの程度の情報が必要かによって、あるいは理解度や習熟度により、樹形図はシンプルなものから複雑なものまで内容を調節することができます。それまで**漠然としていたトピックでも、樹形図を作成することで頭の中が整理され、よくわかるようになる**でしょう。
　樹形図は、既存のものを分類する際だけでなく、自分の行動や考えなどを見直すうえでも役立ちます。

構造図
　線でつながれて枝葉のように分かれる先の樹形図とよく似たものに、「構造図」があります（図4-7）。

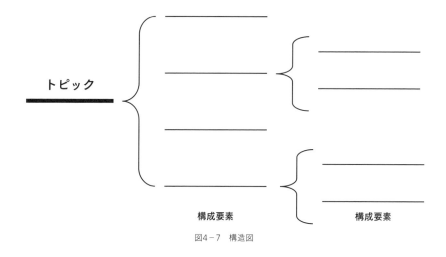

図4－7　構造図

　代表的なものは会社の組織図です。しかし、この場合は分類ではなく、命令系統の構造を表す図になります（図4-8）。

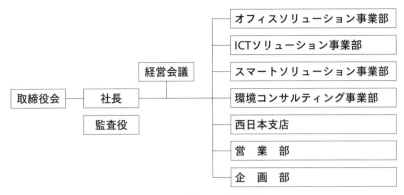

図4-8 組織図の一例 🔊4-8

　先の楽器の分類のトピックを「オーケストラ」に変えると、オーケストラの構造を表す図となり、分類の樹形図とは違うものになります。たとえば、オーケストラに通常存在しない民族楽器は含まれませんし、年代によってもオーケストラの構造は変わります。

　世界の国々について、たとえば東アジア、北米、オセアニアなどの位置ごとに樹形図を作ればそれは分類になりますが、国連の構成国についての樹形図では、事務総長、議長、理事国、参加国などの構造を表す図になります。

　分類と構造の違いに注目してこれらふたつの図を活用してみましょう。形が似たものに、家系図がありますが、家系図は分類でも組織でもなく、続柄通りに家族の名前を書いていくものですので、後述のフロー図の仲間です。 練習問題⓯

4. 考えるパターン3：比較する

比較図

「考えるパターン1：発想する」ではドーナツ図を使って、ひとつのトピックについて掘り下げました。一方、これから紹介する「比較図」は、2つのトピックを並べて比べるものです。

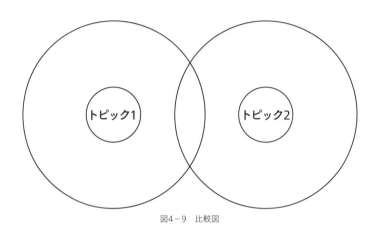

図4-9　比較図

　2つの円が重なる部分には共通の性質を書き、それ以外には固有の特徴を書いていきます。このとき、それぞれ独立して考えずに、一方がこうならもう一方はこうというように、左右を比較しながら書き入れましょう（図4-9）。

　たとえば水中の生き物を「水生哺乳類」と「魚類」とで比較図にすると次のようになります（図4-10a）。

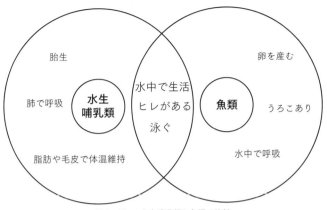

図4−10a　水生哺乳類と魚類の比較

　また、たとえば2つの進学先のどちらを選ぶかで迷っているときなどは、下のような図を作成します。自分にとって重要または優利だと思われる項目に青、その逆と思われる項目に赤をつけていくと、どちらを選択すべきかが自ずと見えてきます（図4-10b）。

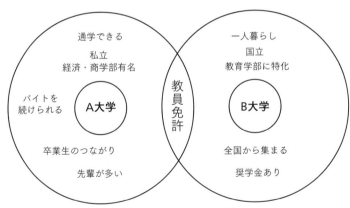

図4−10b　希望大学の比較例

　同じ比較図でも、立場が違うと重要度や優先順位が変わってきます。立場が異なる者同士、たとえば親と子、サービスの供給者と受給者で検討し

た比較図を持ち寄れば、より明快な話し合いができるでしょう。**練習問題⓰**

比較表

　複数の項目を複数の観点から比較するときには、「比較表」が便利です。たとえば電化製品をインターネットで購入するとき、いくつかの候補をピックアップすると、製品ごとの性能を比較表で表示する機能がありますが、それと同じことをホワイトボードや表計算ソフトで行います。

　表の左側に比較すべきものを、上に比較するポイントを書きます。評価は数字や○△×等の記号、あるいは短い単語などで記載します（図4-11）。

	1泊価格	駅から（分）	広さ（㎡）	朝食	WIFI	チェックアウト
ホテル1	15,000	10	12	○	無料	11：00
ホテル2	23,000	3	20	○	有料	12：00
ホテル3	9,000	15	不明	×	有料	10：00

図4-11　ホテルの比較表

　何かを比較するときや選ぶとき、結論を出すとき、簡単でよいので比較図や比較表を使って書き留める習慣を身につけると、**短時間で熟考できる**ようになります。これによって仕事や学習の効率がぐんと上がり、周りから一目も二目も置かれるようになるでしょう。

ヴェン図

　比較図によく似たものに「ヴェン図（Venn's Diagram）」があります（図4-12a）。作成者のジョン・ヴェン（John Venn）はイギリスの数学者で、1881年にこの図を使って数学の解を表しました。みなさんの中にも、高校数学の授業で習った集合論でなじみのある方も多いことでしょう。この画期的な図は、数学以外の思考の場でも一気に使われるようになりました。

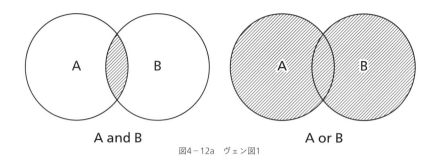

図4-12a　ヴェン図1

ひとつひとつの丸は「セット（集合）」と呼ばれ、セットA、セットBなどに区別されます。またヴェン図では、セットの外側を四角形で囲むことが多く、この四角形を「ユニバーサル・セット」と呼びます。さまざまな思考図でユニバーサル・セットが使われるのは、ヴェン図の考え方を借りたものです。

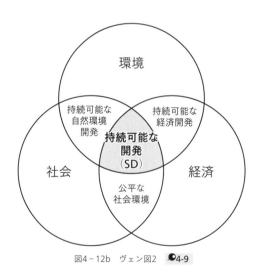

図4-12b　ヴェン図2　4-9

2～3個のセットで構成されるヴェン図の原型とも言える思考図は、分類の理由や構造、それぞれの役割がわかりやすいので、教育現場からビジネ

スシーンまで広く活用されています(図4-12b)。

5. 考えるパターン4：原因・結果を見つける

リボン図

　4つ目は、因果関係を考える図です。これはリボンのような形をしているので、「リボン図」と呼びます。リボンの結び目となる真ん中にトピック、その左側に原因、右側に結果、あるいは効果を書きます(図4-13)。

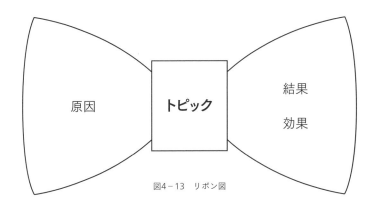

図4-13　リボン図

　たとえば「地球温暖化」をトピックとし、その原因と結果について左右に書いてみると、問題がよりはっきりしてきます。温暖化について曖昧にしか知らない場合でも、ちょっとした調査をもとにリボン図を作成できれば、自分の言葉で話したり文章を書いたりすることができるようになるでしょう(図4-14a)。

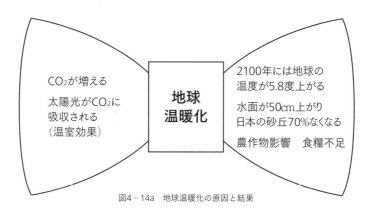

図4−14a　地球温暖化の原因と結果

　また、どんな影響があるかを考えるときにも、このリボン図が使えます。たとえばIoT技術（図4-14b）。

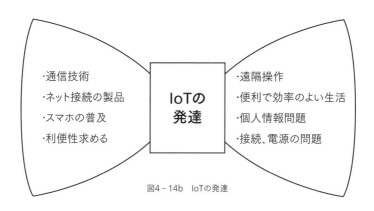

図4−14b　IoTの発達

　この技術を発達させた要因と、将来起こりうる生活や問題を考えるときにこのリボン図を使うと、より集中して考えられることに気づくはずです。これが**問題を可視化すること**でもたらされる効果です。　練習問題⓱

6. 考えるパターン5：順序立てる

フロー図

　順序を示す「フロー図」は、物事の流れを考える際に最もよく使われる図のひとつです。もともとはコンピュータ・プログラムの順序をわかりやすく示す際などに使われ、円や菱形、長方形、矢印などの図形が用いられました。これをものの順序に応用したのが「アクティビティ図」であり、始点を黒丸（●）、終点を蛇の目（◉）で表すUMLというルールに沿って描かれます。

　ここで説明するフロー図には、そのようなルールはありません。強いて言えば、左から右、上から下という自然な流れにすることぐらいです（図4-15）。

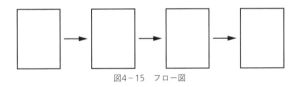

図4-15　フロー図

時系列表

　フロー図は、プロセスの順序を表したり、時系列に何が起こるかを表したりするもので、**物事の流れだけでなく、それぞれの瞬間ごとに熟考できる**という特徴があります（図4-16a）。

第4章　6つの図を使って創造的に考える

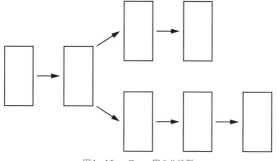

図4-16a　フロー図の分岐例

　また、選択肢を示すこともできます。次に紹介するのは旅行プランのフロー図です。到着したときに周遊バスに間に合えばそのまま乗り込み最後にホテルに着くプランと、タクシーでホテルに直行してバスに乗り換えるプランの両方を考えています。

　このフロー図をもとにして、余白にもっと詳しい情報、たとえば「出発」の横に準備するもの、移動を表す線の横に交通手段と、時刻やチケット代などを書き込んでいけば、大切な情報をすべて網羅したフロー図ができあがります（図4-16b）。

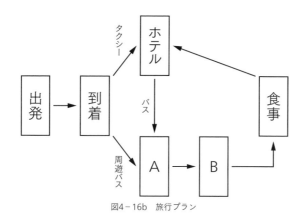

図4-16b　旅行プラン

　緊急時に対応するための手順も、フロー図でわかりやすく表すことがで

きます。ネット上にはさまざまなフロー図がありますので、ぜひ参考にしてください。例として神奈川県庁の「食物アレルギー緊急時対応マニュアル」、総務省の「大規模災害発生時における消防庁のオペレーション」などがあります。

　一目で次の動きがわかり、見落としのないマニュアルを作成できるという点で、このフロー図は大変役に立つものです。　●4-10, 4-11　練習問題❶⓼

7. 考えるパターン6：類似・相似を見つける

「類似・相似」と聞いてもあまりピンと来ないかもしれません。共通して似ている点（類似）や、全体として同じ形であること（相似）を見つける。これは、言い換えると「**なぞらえる**」ことを意味します。

　たとえば、CEOという立場の人はいったいどんな仕事をするのかについて、学校なら校長、船ならキャプテン、日本なら総理大臣……と説明すると、組織のトップでありいちばん責任の重い仕事であることが瞬時にわかるでしょう。

　新政権や新組織が発足すると、各国あるいは各組織のカウンターパート（同格の役割）が誰かを見極めることはとても大切です。それぞれのシステムで違う役職名がついていますが、たとえば国家間には必ず対応する大臣や長官や役職者がいるわけで、これは上のCEOの例と同様、類似・相似を見つける過程と言えます。

　類似・相似を見つけるのは、マーケティングや新商品の開発、演出効果として最適な音楽や舞台装置を作るときにも大活躍するテクニックです。商品Aは何が人気の秘密なのか、それをどうやってBに応用すればいいのか、Cと同様の評価を得るまったく別のDを作るにはどうすればよいか。

　こうした問題を考える際に、私たちは、同じような商品価値を持たせる

ために、**類似・相似の考え方を使って試行錯誤している**と言えるでしょう。

てんびん図

「類似」を見つける練習には、「てんびん図」を使って考えるのが最適です。てんびん図では、下に背景や所属、つまり「どこの」「なんの」で表せる言葉を書き、上に「何」「誰」を書きます。三角に尖った部分は、てんびんの支点に当たり、左右の価値が同じであることを示します。そのために"as"という言葉を入れてありますが、なくてもかまいません（図4-17）。

図4-17　てんびん図

では、先ほどのCEOの話をてんびん図に入れてみましょう。てんびん図はいくらでも延長することができます（図4-18）。

図4-18　てんびん図の例

類似を見つけるのに時間がかからなくなれば、「それは○○に当たる」ということがすぐに言えるようになったり、紋切り型ではないなぞらえ方ができるようになります。また、目の付けどころもそれまでと変わるかもしれません。

てんびん図は他の考える図と違って、なじみが薄いかもしれませんが、**置き換え発想を促す**というユニークな働きがあります。たとえば時代劇を現代劇に書き直す場合、他国の法律を自国に取り入れる場合など、場面設定が変わったときにどのような要素を変えるべきかについて集中的に考えることができ、考えの幅もぐんと広がるでしょう。 練習問題⓳

秀逸ななぞらえで思い出されるのが、作家・恩田陸さんの直木賞受賞コメントです。2017年2月の直木賞贈呈式での恩田さんのコメントは、まさにてんびん図のお手本というべき内容でした。

恩田さんは小説家を長距離列車の運転手になぞらえ、出版をローカル駅（＝ちょっとだけ停車するが、すぐに出発しなければならない）、文学賞をターミナル駅（＝乗降客が多く、停車時間が長い）、直木賞を桁違いに大きいターミナル駅とし、「ずいぶん遠くまできた。今までのルートは間違いではなかった。これからももっと遠いところまで、見たことのない景色が見えるまで走りたい」と結んでいました。

作家らしい印象的なスピーチだなと感心すると同時に、このような発想が自然に出ないときでも、てんびん図を使えば、身近でわかりやすい例を使って説明できることを再確認しました。

8. 独創的なアイディアとは？

既存のアイディアに学ぶ

発想、分類、比較、原因と結果、順序、類似と相似という6つの「考える図」を常にまんべんなく使っている人は少ないでしょう。たとえば深く考えたつもりでも、記憶を呼び起こすことだけに集中してしまう場合があります。これは発想することに長時間取り組んだにすぎません。

どちらにしようかと悩むとき、頭の中では比較を行っていますが、そう

しているうちに、他の考え方に移行することもあります。**この考え方の切り替えは通常無意識に行われるものです。**

さて、私たちはすでに人間の考え方は6つのパターンに絞られることを知り、それらを図式化して考えることも学びました。これによって、「**考え方の切り替え**」が計画的に楽々とできるようになったわけです。

通常なら2通り程度でしか考えないことが6通りでできるわけですから、あらゆる角度から多角的に考えぬいたことになり、その結果導き出されたものは、未熟な検討の結果ではない、**総合的に熟考された、細部まで配慮が行き届いた考え**と言えます。

これらの知的作業において、非常に大切なことがあります。それは、アイディアを出す際は、**独創的でユニークなアイディアを出そうと気負わずに、まず先人の研究や努力を知ることから始める**ということです。

すでにどのようなアイディアが存在しているかを知るのは、とても重要な作業です。自分では新しく独創的なアイディアだと思っていても、すでに誰かが提案したものかもしれません。

新しいアイディアといっても、すべてが新しい必要はありません。既存の考えのどこかをちょっと変えて、新しいアイディアを生み出すこともできます。新しい製品を開発するとき、まったくゼロからではなく、今ある製品をちょっとだけ変えてより便利にしたり、ニーズに合うようにする。このような「ちょっと変える」ことが実際にはいちばん多く、いきなり**無から有を作り出すようなビッグバン的な創造力が発揮されるのは非常に稀なケース**ではないでしょうか。

たとえば革新的あるいは前衛的な芸術とは、今まで誰も作り出さなかったもの、つまり過去の芸術とは異なるものでなければならず、そのためには既存の作品について熟知することが大切なのと同じです。

「考える図」を組み合わせて考えよう

「発想の図」は、ブレインストーミングそのものです。それらをグループ分けして類似のものを近くに移動させたり書き込んだりしていくと、考えながらグループ分けすることができます。

グループ分けしたものは、「分類の図」でまとめます。小さな違いがあるものは「比較の図」で検討し、原因と結果の関係にあるものは「原因・結果の図」、時系列のあるものは「順序の図」に当てはめます。また、「類似・相似」を考えたいものにも印をつけておきます。

これらたった6つの図を思い浮かべるだけで、一見難しい課題にも躊躇なく取り組むことができるようになります。考え方は有限ですから、そのすべてを駆使して無限の課題に挑戦したいものです。

引用の知識 III

「既成のものについてよく知る」とは、**先人に敬意を表することであり、著作権に気を配るという態度**です。すでに発表されたものや世に認められたものは、自分の考えの正当性を証明するための大切な裏付けとなりますので、それらを大いに利用しましょう。

長い参考文献のリストは、読まれないこともしばしばあります。しかしだからと言ってそれをカットしてしまうと、自分のアイディアのもとや裏付けとなる根拠が曖昧になってしまいます。

引用先を正しく表示することは、あなたが「既存のものから着想する」という基本方針を守り、先人の業績に敬意を示し、正しいと証明された事実を土台に議論を展開している何よりの証拠です。

学内や社内の限られた人だけが読む文書であっても、引用先を示した参考文献のリストを丁寧に作成することを大切に考えるようにしましょう。

考える・まとめる・表現する

そうだね！ なるほど！ と言われる文章を作ろう

1. エッセイ構築の全体的な流れ

　では、いよいよ第1章から第4章で解説したすべての考え方、まとめ方、表現の仕方を用いて、実際に「エッセイ・トライアングル」に則した文章を作っていきましょう。
　「考える図」と「エッセイ・トライアングル」を使って完成した文章は、第4章の最後でご紹介したように、発表の場で利用すればプレゼンやスピーチの原稿になります。話し言葉は、その場で言い回しを変えるケースも多く、たとえば新情報と旧情報の織り込み方など、書き言葉であれば推敲すべきディテールも、それほど気にする必要はありません。まずはしっかりした文章を作成する力をつけ、それを話し言葉に応用するのがよいでしょう。
　この章では、発表後に設けられる「質疑応答」の場でのよい質問の仕方・答え方もご紹介します。課題についてあらかじめ知見があったり、エッセイ・トライアングルにあてはめること慣れてくると、ここで紹介する手順を飛ばしたり同時に考えたりすることもできるようになります。

「考える図」を使って考え、「エッセイ・トライアングル」で文書を作成する
　エッセイ構築の基本的な流れは次の7つのステップです。

❶ 立場を決める
❷ 図を使ってトピックを考える
❸ メイン・アイディアを決め、ティーシスのたたき台を作る
❹ エッセイ・トライアングルで、3つの議論を考える
❺ ティーシスを推敲し、序論を完成する
❻ 本論を完成する
❼ 序論を言い換えて、結論を完成する

個々のステップについて、順を追って詳しく見ていきましょう。

❶立場を決める

練習の初期段階では、直感的に自分が「そうだ」と感じた立場をとります。自分の気持ちに沿っているため、違和感なく用意を進めることができます。

次に、直感的に自分が「そうではない」と感じた立場に変えてみましょう。これは、感情抜きで純粋に論理的な話を組み立てるという練習になります。第3章でご紹介したように、ディベート・コンテストなどで自分の個人的な立場とは異なる意見を擁護するケースはよくあることですし、仕事であれば、自分の個人的な感情よりビジネスの目的や方針を優先するのは当然のことです。

立場を変えて感情と論理を切り離すのは、ロジカル・シンキングの効果的な練習方法です。

❷図を使ってトピックを考える

次に「考える図」を使ってトピックをよく検討します。考える図の種類は次の6つです。

1　◎　　ドーナツ図：ブレインストーミングする
2　⊓　　分類図：抽出した言葉や考えをグループ分けする
3　∞　　比較図：中心となるアイディアや項目の共通点と相違点をまとめる
4　⋈　　リボン図：原因と結果、その効果を考える
5　▢▢▢　フロー図：物事の順序をまとめる
6　⋏⋏　てんびん図：類似性や相似性を見つける

このうち、比較的よく使うのがドーナツ図、分類図、比較図で、リボン図、フロー図、てんびん図は、該当する要素がある場合、あるいはその点を強調したいときのみに利用します。すべての考える図を使う必要はあり

ません。

　もちろん、考えが浮かばないときや深く考えたいときはすべての図を使ってみてください。たとえ不得意と感じる分野の話題であっても、きっとあなたらしい考えがまとまることでしょう。

❸メイン・アイディアを決め、ティーシスのたたき台を作る

　図を使って出したアイディアや言葉をもとに、何をメイン・アイディアにするかを決め、ティーシス文のたたき台を作り、エッセイ・トライアングルに書き込んでいきます。ティーシスの条件に合っているか、第2章で紹介したティーシスの条件に実際に当てはめて確かめます。

❹エッセイ・トライアングルで3つの議論を考える

　ティーシス文を説明する議論を3つ書き込みます。まずは議論のタイトル、次にトピック文、さらに詳細を2、3点メモ書きしましょう。この時点では議論が3つなくてもあまり気にしなくて大丈夫です。

　また、議論の正しさを証明するデータや引用などをインターネットで検索してみましょう。身近な例があればメモしておいたり、反論が見つかった場合は、それを覆す議論について考えます。

❺ティーシスを推敲し、序論を完成する

　検索結果をもとにティーシスを見直し、推敲します。また、フックになるようなエピソードや名言などを用い、序論を完成させます。

❻本論を完成する

　第3章を参照しながら、トピック文と接着文を含む本論を完成させます。説得力ある論理展開はもちろんですが、誰もが納得できるデータや記事を引用することも大切です。

❼序論を言い換えて、結論を完成させる

序論にフックがあれば、結論でそれを想起させるリキャップのテクニックを使います。この一連の流れをフロー図にまとめると、次のようになります（図5-1）。

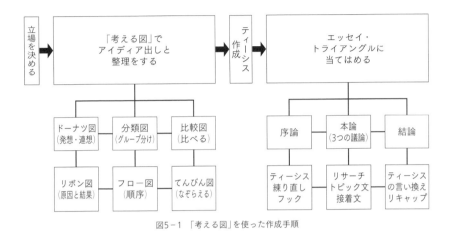

図5-1　「考える図」を使った作成手順

2.　「議論型（説得型）エッセイ」のスタートから完成まで

実際に課題を解いてみよう
　では、この順序に従って、エッセイの基本である「議論型（説得型）エッセイ」について、以下の課題をもとに、完成までの流れをシミュレーションしてみましょう。

課題例：「技術革新は人を怠惰にする」という一文について、賛成／反対のいずれかの立場を決め、1000文字以内で論述せよ。（時間制限：なし、リサーチ：可）

❶立場を決める

この一文に同意するかしないかの立場を決めます。ここでは仮に「同意しない」立場を選びます。

❷図を使ってトピックを考える

技術革新といっても範囲が広く、時代や国によってさまざまです。「人を怠惰にする」という部分も、解釈の仕方によって異なります。そこで、この2つのキーワードについて想起される内容を挙げていきます。

◉ ドーナツ図で発想・連想する

図5-2 「技術革新」に関するドーナツ図(1)

「技術革新」をトピック、つまり考える対象としたドーナツ図を作ると、このようになりました（図5-2）。

一方、「怠惰」をトピックにしたドーナツ図は、次頁のようになります（図5-3）。

図5-3　「怠惰」に関するドーナツ図（1）

　図5-2に挙げたさまざまな言葉のうち、関連のあるもの同士をグループ分けします。たとえば、このようなグループ分けが考えられます（図5-4）。

図5-4　「技術革新」に関するドーナツ図（2）

　これは以下のような基準でグループ分けしたものです。

・グループA：技術革新の意味に関係するもの
・グループB：技術革新が起こる要因に関係するもの
・グループC：技術革新の具体例

　これらの「意味」「要因」「具体例」をグループの名前（レーベル）にすることもできます。一方、「怠惰」をトピックとしたドーナツ図によるグループ分けは、このような2つのグループになります（図5-5）。

図5-5　「怠惰」に関するドーナツ図(2)

・グループA：怠惰とほぼ同等の意味を表すもの
・グループB：怠惰によって派生するもの

　A、Bにそれぞれ「同意語」「結果」という名前（レーベル）をつけることもできます。
　これらの考える図は、数分あるいは長くとも15分程度で作成します。考える図を作ることを目的としたマインドマップなどは、作成に長時間かかりますが、考え方を図式化することを目的としたこれら6つの図は、**考え

る時間を短縮し、頭を整理するためのものですから、略語等を使ったラフなものでかまいません。

◉◉ 比較図で比べる

AとBの2つの図を比べてみると、「技術革新」と「怠惰」から浮かび上がるのは正反対の言葉ばかりであることがわかります（図5-6）。

しかし、「技術革新」のグループBの「便利、効率的」と「怠惰」のグループAの「楽をする」が、わずかにつながりがあるようです。「技術革新＝人が怠惰になる」は、この部分だけに焦点を当てた文章のように思えます。

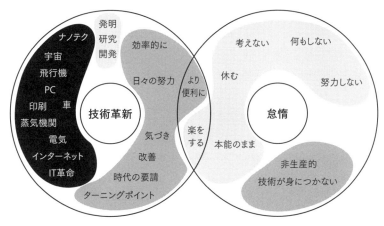

図5-6　「技術革新」と「怠惰」の比較図

では本来、技術革新はどのような要因で生まれ、どのような結果や効果を生み出しているものなのでしょうか。

原因と結果のリボン図で考える

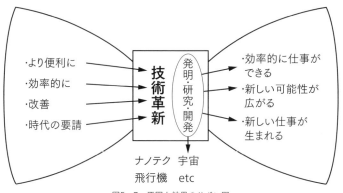

図5-7　原因と結果のリボン図

　リボン中央のトピックに「技術革新」を入れます。131ページのドーナツ図（図5-4）のグループAは、技術革新の意味に関係するものですので、この3つもトピックに書き込んでみます。また、その具体例であるグループCはこの下にメモしておきます（図5-7）。

　グループBは、技術革新の起こる要因に関係するものですので、これらを左側に書きます。そして結果、効果、予想できることを右側に書いていきます。ここでは、次の3つを挙げます。

1. 効率的に仕事ができる→重労働が減る／時間短縮／生産性が上がる
2. 新しい可能性が広がる→天候などの自然条件に左右されない
3. 新しい仕事が生まれる→今までなかった職業が生まれる

　これを具体例をつけて言い換えます。

1. 効率的に仕事ができる→IT化、ロボット化など
2. 新しい可能性が広がる→新しい農業や漁業、エネルギー源の確保など
3. 新しい仕事が生まれる→新技術の専門職など

このうち「1.効率的に仕事ができる」は、比較図で考えた共通要素ですから、「怠惰になる」という考えに対するカウンター・アーギュメントとして使うことができます。

❸メイン・アイディアを決め、ティーシスのたたき台を作る

次に、3つの図を使った考察から、ティーシスのたたき台を作ります。

技術革新は、人々を怠惰にしない。なぜなら技術革新によってさまざまな可能性が生まれ、私たちの仕事は多様化するからである。<u>技術革新によって仕事は多様化し、私たちは怠惰ではいられない。</u>

厳密に言うと第一文は立場の表明、第二文はその説明で、ティーシス文は、最後の太下線の一文です。

❹エッセイ・トライアングルで、3つの議論を考える

3つの議論は、リボン図で得た「技術革新による3つの恩恵」とし、それぞれに裏打ちできる事実やデータを調べます。参考にした資料は、引用先を必ず記録しておきます。

議論1　効率的に仕事ができる
→重労働が減る／時間短縮（IT化、ロボット化など）

調べてわかったこと：
・パワーアシストスーツの開発により、肉体労働が軽減されている。
　引用先情報：パワーアシストスーツ、作業現場の"救世主"に（日経ビジネスオンライン）
　https://business.nikkeibp.co.jp/atcl/report/15/226265/042800117/　 5-1
・1970年の日本の年間1人あたり平均労働時間は2200時間以上、2015年は1800時間以下

引用先情報：年間労働時間の推移（厚生労働省）

https://www.mhlw.go.jp/wp/hakusyo/kousei/16-2/kousei-data/siryou/xls/sh0100-05-b6.xls 🎧5-2

> **議論2　新しい可能性が広がる**
> →天候などの自然条件に左右されない（新しい農業や漁業、エネルギー源の確保など）

調べてわかったこと：

・人口雨を降らせたり、海水を真水に変えたり、バイオ技術を活かして劣悪な環境でも育つ植物を開発することにより、砂漠も農業可能な土地に緑地化できる。

引用先情報：イラストで見る20のイノベーション代表例（内閣府）

http://www.cao.go.jp/innovation/action/conference/minutes/20case.html 🎧5-3

> **議論3　新しい仕事が生まれる**
> →今までなかった職業ができる（新技術の専門職など）

調べてわかったこと：

・これからは、指導（コーチング）、医療福祉（ケアリング）、つながり（コネクション）の仕事が増える。

引用先情報：今後10年で生まれる「未来の仕事」21選（フォーブスジャパン）

https://forbesjapan.com/articles/detail/19085 🎧5-4

❺ティーシスを推敲し、序論を完成する

ティーシス文（135ページ）：
<u>技術革新によって仕事は多様化し、私たちは怠惰ではいられない。</u>

　このティーシスを第2章の評価表に当てはめて評価してみると、**立場が**

明確であることがわかります。また、「怠惰にしない」から一歩進んで「怠惰ではいられない」としたことで**独自の意見**となっており、短いながらもティーシスの基準に合っていると言えます。
　さらに、もう少し強く言い換えて、

<u>怠惰でいては、技術革新によって多様化する仕事に対応することができない。</u>

とすると、技術革新は効率化を生むはずなのに正反対のことが起こり、**議論性**があると言えます。

　次に、フックをつけて序論を完成します。
　フックには現代のスマートフォンの性能の高さをNASAと比較した数字を取り入れました。これはよく紹介される例ですので、ご存知の方も多いかと思います。これも本論同様、引用先をコピーしておき、あとで参考文献リストに加えます。

1969年、アポロ11号が月に降り立ってから約半世紀になります。その当時のNASAの技術は世界最先端でした。しかし、当時NASAにあったコンピュータすべてを合わせても、今のスマートフォン1台の性能に及ばないと言います。このような技術革新は日々行われ、人々の生活を豊かに便利にしてきました。しかし便利になる、効率的になるということが、人間が怠惰になることにはなりません。なぜなら、技術革新によってさまざまな可能性が生まれ、私たちの仕事は多様化してきているからです。<u>怠惰でいては、技術革新によって多様化する仕事に対応することができません。</u>
　引用先情報：現代のスマートフォン1台の性能（Your smartphone is millions of times more powerful than all of NASA's combined computing in 1969）
　https://www.zmescience.com/research/technology/smartphone-power-compared-to-apollo-432/　🖸5-5

❻本論を完成する

　以上の考えたこと、調べたことを資料として使いながら、議論を組み立てていきます。
　その段落の趣旨を一文で表すトピック文、データに裏打ちされた議論、そして締めくくりにティーシスに戻る接着文の3つの構成で、新しい情報が入ることで話がそれないように注意しながら、本論を完成させましょう。「怠惰」をトピックにしたドーナツ図（図5-3）の言葉も含めると、より効果的です。

　以下、下線部がトピック文、網掛けが接着文です。

議論1　効率的に仕事ができる
　→重労働が減る／時間短縮／生産性が上がる

　たしかに、技術革新によって私たちの仕事は楽になりました。しかしそれは、非生産的な「怠惰」とはかけ離れたものです。重労働は軽減され、労働時間は短縮されました。たとえばパワーアシストスーツは、体力を消耗せずに重いものを移動させることができ、介護現場でもすでに活躍しています。一方、1970年の日本人の年間労働時間は2200時間以上でしたが、2015年には1800時間以下へと400時間以上も減っています。しかし肉体労働や時間の軽減は、私たちをより効率的に働けるようにする仕組みであり、怠惰にするために作られたものではありません。

議論2　新しい可能性が広がる
　→自然の条件などに限定されない

　また、技術革新は私たちの活動を自然の条件から解放しました。たとえば砂漠といえば、砂だらけで乾燥した、人が住むにも作物を育てるにも適さない土地でしたが、人工雨を降らせたり、海水を真水に変える技術を使ったり、

バイオ技術によって育つ作物が開発されたことにより、砂漠も農業や商業が可能な土地に変わりました。これは、技術が私たちを怠惰にするどころか、新しい可能性が広がったことを示しています。

> 議論3　新しい仕事が生まれる
> 　→今までなかった職業ができる

そして、新しい可能性が広がるということは、取りも直さず今までなかった新しい職業が生まれることです。「フォーブスジャパン」は、今後10年で生まれる未来の仕事として、AI支援医療技師や、個人記憶キュレーター、量子機械学習アナリストなど21のまったく新しい職業を挙げています。こうした新しい職業が生まれるだけでなく、既存のあらゆる職業にIT知識や技術は欠かせないものになっており、技術革新に応じた学習も必要です。技術のおかげで楽をしようと思っても、残念ながら技術革新は私たちを怠惰にしてくれません。

❼序論を言い換えて、結論を完成する

結論は序論とティーシスの言い換えです。このエッセイにはフックがありますので、そこにつなげて締めくくります。

「便利な世の中」というと、努力をしなくても自然とよい世の中になっていくかのような響きがありますが、それはまったくの誤解です。ひとりひとりが手のひらにNASAのコンピュータを搭載している現代、新しい技術はこれからも私たちをより効率的にし、可能性を広げ、新しい仕事を増やし続けるでしょう。

これで、考える図を使って考え、エッセイ・トライアングルに当てはめたエッセイができました。全文および引用先を明記した参考文献リストは以下の通りです。

技術革新は人を怠惰にするのか

　1969年、アポロ11号が月に降り立ってから約半世紀になります。その当時のNASAの技術は世界最先端でした。しかし、当時NASAにあったコンピュータすべてを合わせても、今のスマートフォン1台の性能に及ばないと言います[1]。このような技術革新は日々行われ、人々の生活を豊かに便利にしてきました。しかし便利になる、効率的になるということが、人間が怠惰になることにはなりません。なぜなら、技術革新によってさまざまな可能性が生まれ、私たちの仕事は多様化してきているからです。怠惰でいては、技術革新によって多様化する仕事に対応することができません。

　たしかに、技術革新によって私たちの仕事は楽になりました。しかしそれは、非生産的な「怠惰」とはかけ離れたものです。重労働は軽減され、労働時間は短縮されました。たとえばパワーアシストスーツは、体力を消耗せずに重いものを移動させることができ、介護現場でもすでに活躍しています[2]。一方、1970年の日本人の年間労働時間は2200時間以上でしたが、2015年には1800時間以下へと400時間以上も減っています[3]。しかし肉体労働や時間の軽減は、私たちをより効率的に働けるようにする仕組みであり、怠惰にするために作られたものではありません。

　また、技術革新は私たちの活動を自然の条件から解放しました。たとえば砂漠といえば、砂だらけで乾燥した、人が住むにも作物を育てるにも適さない土地でしたが、人工雨を降らせたり、海水を真水に変える技術を使ったり、バイオ技術によって育つ作物が開発されたことにより、砂漠も農業や商業が可能な土地に変わりました[4]。これは、技術が私たちを怠惰にするどころか、新しい可能性が広がったことを示しています。

　そして、新しい可能性が広がるということは、取りも直さず今までな

かった新しい職業が生まれることです。「フォーブスジャパン」は、今後10年で生まれる未来の仕事として、AI支援医療技師や、個人記憶キュレーター、量子機械学習アナリストなど21のまったく新しい職業を挙げています[5]。こうした新しい職業が生まれるだけでなく、既存のあらゆる職業にIT知識や技術は欠かせないものになっており、技術革新に応じた学習も必要です。技術のおかげで楽をしようと思っても、残念ながら技術革新は私たちを怠惰にしてくれません。

「便利な世の中」というと、努力をしなくても自然とよい世の中になっていくかのような響きがありますが、それはまったくの誤解です。ひとりひとりが手のひらにNASAのコンピュータを搭載している現代、新しい技術はこれからも私たちをより効率的にし、可能性を広げ、新しい仕事を増やし続けるでしょう。

参考文献

1. ZME Science (9/10/2017). Your smartphone is millions of times more powerful than all of NASA's combined computing in 1969. https://www.zmescience.com/research/technology/smartphone-powercompared-to-apollo-432/
2. 日経ビジネス (5/1/2017). パワーアシストスーツ、作業現場の"救世主"に. https://business.nikkeibp.co.jp/atcl/report/15/226265/042800117/
3. 厚生労働省 (11/2/2016). 年間労働時間の推移. https://www.mhlw.go.jp/wp/hakusyo/kousei/16-2/kousei-data/siryou/xls/sh0100-05-b6.xls
4. 内閣府. イラストで見る20のイノベーション代表例. http://www.cao.go.jp/innovation/action/conference/minutes/20case.html
5. Forbes Japan (12/23/2017). 今後10年で生まれる「未来の仕事」21選. https://forbesjapan.com/articles/detail/19085

コラム

ゴールデン・サークルで考える

　サイモン・シネック ◎5-6 は、イギリス生まれのリーダーシップ専門家

です。世界的ベストセラーとなった『WHYから始めよ！』（日本経済新聞出版社）の著者で、ディズニー、マイクロソフト、ファイザーなどの大企業のコンサルタントを務めながら、コロンビア大学で戦略的コミュニケーションを教えています。

　彼の戦略のひとつに「ゴールデン・サークル」があります。これはWHY、HOW、WHATが三重丸構造になっているものです。

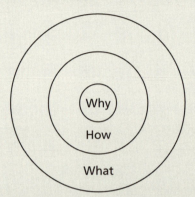

　たとえば製品をアピールするとき、一般ではWHAT（その製品は何か）からHOW（どういうふうに素晴らしいか）までの話をするのに対し、優れたリーダーや成功した会社はWHY（その製品をなぜ作ったかという理由）や信条から訴える、つまり、通常とは逆の方法をとるものです。

　たとえばAppleの技術力は他の会社と変わらないのに、なぜAppleだけ突出しているのかと彼は問いかけます。

　それは、他社が「我々のコンピュータは素晴らしく美しいデザインで簡単に使え、ユーザーフレンドリー。ひとついかがですか？」とアピールをするのに対し、Appleは「我々は世界を変えることに挑戦しています。普通とは違う考え方に価値があると信じています。世界を変える手段は、美しくデザインされたこの製品です。あなたも手にしてみませんか？」と「WHY」を起点としたアピール法を一貫してとっているというのです。

　シネックのプレゼンは、戦略コミュニケーションやティーシスを学ぶ上でも非常に参考になりますので、ぜひ一度TEDのサイトで視聴してみ

> てください。 ●5-7
> 「あれもできるこれもできる」と製品やサービスの詳細を語るのではなく「こうなるから」「こう信じているから」という動機づけで訴えるのがシネック流。あなたは次のプレゼンで、何を「WHY」としますか？

3. 効果的に質問し、効果的に答える

最後に、効果的な質問の仕方と答え方についてお話します。
「成功者は人よりずっとよい質問をする。その結果、人よりずっとよい答えを得ることになる」とは、世界的ベストセラー『一瞬で自分を変える法』（三笠書房）の作者トニー・ロビンズ ●5-8 の名言。どう質問するかが答えの質を左右するというわけですね。

また、エジプトのノーベル賞作家ナギーブ・マフフーズは、「如才なさは答弁に、思慮深さは質問に表れる」●5-9 と、よい質問をする難しさを指摘しました。わからないことはなんでも質問するというのは、学生のうちはよいとされる態度ですが、わからないからといって闇雲に質問するのは、社会人としては疑問です。

相手の時間と労力の無駄を省き、知りたい情報を的確に引き出す質問ができれば、仕事の効率だけでなく、あなたの評価も確実に上がることでしょう。

知りたい答えを引き出す質問の仕方

よい質問とは、次の3つの条件を満たすものです。

❶ 聞きたいことが先
❷ 答えを得る以外の効果を期待しない
❸ サイズ感をはずさない

これらの条件がクリアできていると、質問によって理解が深まったことがはっきりするので、質問された側も満足感を得られ、そこから次の質問もしやすくなるというよい循環を導きます。
　よい質問と答えの条件について、以下詳しく見ていきましょう。

❶聞きたいことが先
　これは第1章でも触れたように、問題点を先、付随情報を後にして、**中心から外側に向かう遠心的な質問方法**です。この方法は回答者にとってわかりやすいだけでなく、質問の意味を考える時間が省け、答えを考える時間を得ることになります。それによってよい答えを出しやすくなるという大きな利点があります。

A. 今朝、コミュニケーション管理者より報告があり、注文確定のお知らせメールが校正前の文言で発信されてしまったとのことです。これによってお客様が困るようなことはなく、クレームも来ないだろうとは思いますが、正しいものを再送しておいたほうがよいでしょうか？

B. 客応対メールのミスについてご指示ください。一部の自動メールが校正前の文言で発信されてしまいました。原文を直ちに修正する他にすべきことはなんでしょうか？

　Aの質問は、時間軸に従って説明しているように見えて、自分の中で解決策を考えながら話しています。また、「正しいものを再送しておいたほうがいいですか？」とYES/NOの答えを促す質問になっていますが、これでは、自分から答えの範囲を狭めることになってしまいます。
　Bは、それに比べ、冒頭で何が聞きたいのかわかり、またこの一文には自分の思いは一切入っていません。そして、「原文を直ちに修正する」という当然の対応策を示し、「他にすべきことはなんでしょうか」と答えを

相手に任せるオープン・クエスチョンになっています。

これによって、古い文面が送られた原因を調べよ、他にも同様なミスがないか確認せよ、校正前後の違いを比較し再送信の必要性を検討せよ、など問題解決のアイディアを含む指示を引き出す可能性がぐんと上がります。

また、もし「原文を直ちに修正する」という部分がなく「どうすればいいですか？」だけだと、自分で何も考えていないことになります。オープン・クエスチョンといっても、相手に任せきりの質問にしてしまうのは考えものです。

❷答えを得る以外の効果を期待しない

質問の形であっても、本当の意図は答えを導くことにはない問いかけもあります。たとえば「何度説明すれば理解してくれるのか？」というのは、答えを求める質問ではなく、説教であることは、一目瞭然です。

しかし、こんな場合はどうでしょうか。

前回の販促キャンペーンの効果はまったくなかったどころか、月別売上はマイナスに転じた。どうしてこんなひどい結果になるのか教えてほしい。

これは説教の可能性もありますが、問題点がどこにあったのか、自分ではどう思うのかを知るための質問である可能性もあります。もしそうであるなら、**感情的な言葉を回避して論理的に質問**しなくてはなりません。

先月の売上はマイナスだった。前回の販促キャンペーンの効果がなかったのは否めない。どういう点が足りなかったのだろうか。どうして成功しなかったのだろうか。

このような質問であれば、原因をつきとめ、対策も一緒に整理できるような話し合いにつながります。また「A案よりB案が素晴らしいのは誰にだってわかりますよね？」というような相手の賛同を求めるような質問

は、形としてはたしかに問いかけですが、意見の押しつけです。

　このような質問をされると、答える側は混乱します。叱責された相手は口をつぐむしかなくなり、押しつけの場合はわざわざ反論をしなくてはなりません。効率的で建設的な議論を行うためには、質問の形をした問いつめや押しつけを避け、**質問に答えを得る以外の効果を期待しないようにしましょう**。

❸サイズ感をはずさない
　ここで言う「サイズ感」とは、会話範囲のこと。**それを聞く場ではないだろうと思われるような質問をしない**ことです。
　たとえば、社員旅行に関する詳細決定を聞いて、天候や地形に合わせた持ち物の準備について質問するのと、福利厚生規定の妥当性について質問するのでは、前者のほうがその場に合ったサイズの質問と言えるでしょう。
　逆に、校長にインタビューする場では、校長が主導しているもの、たとえば学校の方針や目標などについて質問すれば、他の誰に聞くより責任のある答えを得ることができるでしょう。
　このように、質問のサイズ感をはずさないためには、**相手の守備範囲を知っておく必要があります**。質問する前に、相手について調べておくと、よりサイズ感がつかめ、よい質問ができるようになります。

納得と信頼を得る答え方
　質問に答えるのもまた難しいものです。質問に対しては、憶測で質問の意味を解釈するのではなく、**ポイントを確かめながら答えましょう**。
　答えがすぐに出ないときには、慌てずに次に紹介するような方法で時間を稼ぎ、質問の内容をよく考えましょう。すぐに答えられない場合も慌てることはありません。

答えを考えるための有効な時間稼ぎのひとつに、「**それはとてもよい質問です**」とほめる方法があります。ほめられて嬉しくない人はいませんので、質問者はにっこりし、場も和やかになります。本当に核心を突いた質問でなくてもよいのです。

　質問の意味がわからない場合には、質問をそのまま繰り返して、相手の真意を確かめます。質問者が言葉不足に気がつけば、言葉を追加したり言い換えたりするでしょう。それでもわからないときには、自分の言葉を加えて「〜という質問ですね」と返してください。これらのプロセスを経ることにより、質問の意味がわかるようになります。

　また、すべての質問のポイントが先にあるとは限りません。そういう場合は、わかりにくい質問というのは自分の理解力の問題より相手の表現に原因があると割り切り、**相手の質問を言い直して、ポイントをよく確かめてください**。

　言い直しにより、質問者は「よくわかってもらえた」と安心しますし、応答者は問題をクリアにすることができます。たとえ質問の意味がわかっているときでも、ポイントを先に言い換える方法は有効ですので、どんどん使いましょう。

　一方、相手の質問の意味やポイントがよくわかっても、自分には答えられない場合もあります。専門や担当が違う場合、あるいは、それはここで聞くことではないだろうというような、質問のサイズ感がずれている場合です。

　質問に答えられないことは、何も恥ずかしいことではありません。**中途半端に答えようと考えずに、「答えられない」とはっきり述べるのが最善**です。**いちばんよくないのは、質問のポイントがどこにあるのかを確認せずに、きっとこうだろうと勝手に解釈して回答すること**です。発表者が質問の意味を誤解すると、せっかくの質疑応答が台無しになるどころか、発表者の信頼にも関わってきます。

すぐに答えが出ないとき

　たとえば数字のデータを聞かれて、手元に資料がない場合などは、いまは正確に答えられないことを述べ、あとで回答する旨を伝えてフォローします。「ざっくりで」などと言われるときもあるのですが、個人の概算や見通しが会社の意見として一人歩きしない保証はありません。**自分の責任範囲を考えて答える**ようにしましょう。自分が担当者ではない場合、その場に答えられる人がいれば、「〜担当はいますか？」と呼びかけて、代わりに応じてもらいます。

　また、質問のサイズ感が違う場合は、「運営ポリシーについては、今日の発表の範囲ではないので、別の機会にお問い合わせください」「それにつきましては、総務からお答えをお送りしたいと思います」など、臨機応変にフォローし、**その場で中途半端な答えを出さない**ようにするのがベストでしょう。

ロジカルに伝えるツールを使ってみよう

　本書で詳しくご紹介した「考える図」と「エッセイ・トライアングル」は、創造的に考え、それをわかりやすく伝えるための大切なツールです。ぜひこの2つのツールを、いろいろな場面で活用してください。

　ビジネスや日常生活でちょっとした提案をするとき、話し合いで言いたいことを思いついたとき、あるいは急に意見を求められたとき。どんなときでも、「ポイントが先、そのあとに理由」という小さな「エッセイ・トライアングル」の形に当てはめてみましょう。
　そして考えが浮かんだ瞬間に話し出すのではなく、紙に図形をさっと描いて、短い時間で言いたいことを整理する習慣をつけると、説得力のあるわかりやすい話ができるようになります。

　「考える図」を使うテクニックを身につけ、「エッセイ・トライアングル」

を基本的な話の骨組みとして自然に使いこなせるようになれば、あなたの話はいつでも誰にとってもきちんと伝わるようになり、それをそのまま英語にするだけで、グローバルに通用するわかりやすい話になるでしょう。 練習問題⓴㉑

デジタル・メディアを活用する

練習も深掘りもDC6で楽々!

※この章は、インターネット上でも利用できます。
インターネット上の第6章はデジタル6章（Digital Chapter 6）、
略して「DC6」と呼び、下のリンクから参照できます。
http://global-thinkers.com/DigitalChapter6/index.html

DC6の機能のひとつは、**練習問題フォーム**です。各章の練習問題はDC6にまとめてあり、簡単に書き込み、印刷することができます。紙媒体だけでは不便な参考文献の参照と練習問題のチャレンジを、DC6で効率的に行っていただければと思います。

　もうひとつの機能は、本書の**参考文献リスト**となることです。第1章から第5章で取り上げた例や資料は、DC6で直接閲覧できます。本文の該当箇所には 1-1 などの印がついています。DC6は書籍より早くアップデートできるため、常に最新の情報を閲覧いただけます。

　第6章とDC6には、また別の役割もあります。第5章までは英語表記や英語の例を極力避け、例もすべて日本語に訳しています。そのかわり、この第6章とデジタル上のDC6では、英語文書のリンクや原文の例を掲載しています。これは、**読者のみなさんがイニシアティブをとりながら、ご自分にとって最適な資料を読んだり練習したりしていただくため**です。

　みなさんの中には日本語でロジカルな話をしたい方もいれば、知的好奇心から読まれる方、本書を留学や駐在の参考にしたい方、ビジネス・コミュニケーションで悩んでいる方、あるいは差し迫って試験やプレゼンがある方など、さまざまな方がいらっしゃると思います。そうした多様なニーズをもつ読者に対して本文中に英文の例を引用しても、不要な情報であったり、物足りなかったり、難しいと感じる方もいるでしょう。そこでDC6は、読者のみなさんが自主的に、それぞれのニーズに沿って自由に深堀りしていただく章としました。

　インターネットにアクセスできないとき、あるいは今まで通り読み進めたいときは書籍版の第6章を、また、リンク先を利用したいときや練習問題に気軽に取り組みたいときはデジタル版のDC6をご利用ください。

　DC6は、紙の書籍に柔軟性と発展性を持たせ、インターネットとのクロスメディアの実現を目指しています。この章が、よりタイムリーで実践的なコミュニケーションのアシスト役となりますように。

I部　練習問題

第1章　グローバル・コミュニケーションの土台を作る

練習問題❶　遠心的な話し方

1. 次の例文を、遠心的に言い換えてみましょう。

　「新鮮ないちごをひと箱、砂糖を500グラム、レモンを2個、ガラスの密閉瓶を2つ、買ってきてください。午後4時までに買い物に行ってもらえますか？　もし間に合わないのなら、明日の午前で結構です。ジャムを作ります。」

2. 次の報告を、遠心的に言い換えてみましょう。

　「今回、火災避難訓練に参加したのは40名、そのうちはじめて参加した人は30名でした。出口まで10分かかりました。これはかかりすぎです。避難順路を頭に入れて能動的に行動してもらいたいのに、誰かの動きを待っている人がほとんどだったためだと思います。目標は5分でした。もっと訓練の機会を増やしたほうがよいと思います。」

練習問題❷　サマリーを作る

1. あなたの好きな映画を紹介し、薦めてみましょう。
　サマリー：
　詳細：

2. この1年でいちばん心に残る出来事はなんですか。それはなぜですか。
　サマリー：
　詳細：

練習問題❸　トピック文を作る

1. 次の題名とメイン・アイディアをもとに、トピック文を考えましょう。

題名：環境を守る
メイン・アイディア：プラスチックごみを減らす
トピック文：

2. 次の題名をもとにメイン・アイディアを考え、それに基づくトピック文を作りましょう。
題名：10年後の自分
メイン・アイディア：
トピック文：

練習問題❹ ハンバーガー図に書き込もう

上の2つの練習課題「環境を守る」と「10年後の自分」で作ったトピック文を最初のパンとして、詳細を3点加え、最後にトピック文を言い換えてハンバーガー図を完成させましょう。それぞれの文が長くなっても複数あってもかまいません。

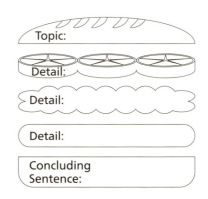

練習問題❺ ショー・アンド・テル

1. 目の前にあるものから何か1つを選び、それについて説明してください。
  →題名、メイン・アイディア、トピック文の順に考えを進め、ハンバーガー図の構成で話してみましょう。

2. 国内外の旅行で、場所によって習慣が変わると感じたことはありますか？
  →旅行の写真や旅行先で買ってきたものがあればそれを題材として、題名、メイン・アイディア、トピック文の順に考え、ハンバーガー図の構成

で話してみましょう。

第2章　エッセイ・トライアングルを装備する❶：序論とティーシスをまとめる

練習問題❻　立場を決めてティーシス文を作る

次の文章を読み、立場を決め、ティーシス文を作りましょう。
1. ダイエットをすると余計に太る。
    立場：
    ティーシス文：

2. 全国一斉テストでよい成績をとった生徒には、報奨金を与えよう。
    立場：
    ティーシス文：

3. 過去に受賞したスポーツ選手が、その後、禁止薬物問題で逮捕されても、過去の受賞は取り消されるべきではない。
    立場：
    ティーシス文：

練習問題❼　ティーシス文を評価し、序論を作る

先に作ったティーシス文をもとに、次の練習をしましょう。
1. ひとつのティーシス文を推敲し、パデュー大学のティーシス基準で評価しよう。
2. できあがったティーシス文をもとに序論を作ろう。
3. その序論にフックをつけよう。
4. 序論で引用したり調べたりしたものがあれば、その部分に脚注番号を入れ、参考文献リストを作ろう。

> **練習問題❽**　ティーシス文を作るチャレンジ

以下は、ティーシス文作成の課題トピック集です。はじめは興味のあるものを選び、チャレンジしてみましょう。次に興味のないものにもチャレンジしてみましょう。🔊6-1

1. 健康的な食生活を推進するために、ジャンクフードには高い税金をかけよう。
2. 育児では、父親母親の両方が同等の責任を負うべきだ。
3. プライバシーは、最重要な権利ではない。
4. 大学生は、どんなコースでも好きな授業を取れるようにすべきだ。
5. 2030年の普通の生活

第3章　エッセイ・トライアングルを装備する❷：本論と結論をまとめる

> **練習問題❾**　接着文を作る

1. 次の序論を読み、太下線のティーシス文を言い換えた接着文を3通り作りましょう。

   題名：TPOを考えるとは
   立場：TPOを考えることに異を唱える
   序論：衣服は体を保護するだけでなく、その人がどういう人間かを表している。ユニフォームで職業がわかったり、カジュアルかフォーマルかで学生か社会人かがわかったり、ロゴや色の組み合わせなどで、どのような考えを持っているのかも表すことができる。これに対し、「TPOを考える」とは、自分をどのように見せるかを考えることである。たとえ職業や立場や主張とは違っても、その場にふさわしい衣服を選びなさいということであり、丁寧な言い方でありながら、誰もが目立たないように一般化を促す一種の圧力だと言えるだろう。

2. 同じ題名で、「TPOを考えることに賛成」の立場でティーシスを作成し、それを3通りに言い換えて接着文を作りましょう。

練習問題⓾　議論の作成

次の題材と説明をもとに、立場を決め、それを選ぶ理由を3つの議論にまとめましょう。

❶題材：家を建てる派・借りる派
　説明：リクルート社の不動産サイトには、住居を購入した場合と賃貸した場合では、50年間でどちらが得かの試算を公開した記事がある。それによると、購入でも賃貸でも総出費額には大きな違いがないという。◎6-2

❷立場：あなたは購入と賃貸のどちらを選びますか？
　理由1：
　理由2：
　理由3：

練習問題⓫　結論の作成

1. 次の序論を読んで、結論を書きましょう（制限時間：15分）。

　・学生ローン返済免除制

　　学生ローンの大きな負担は、その国の経済を窒息させる。なぜなら学生ローンを抱えた社会人は、大した消費もせず家を買うこともできないからだ。このような状況を打開するため、奨学金返済が困難な場合には、返済を免除する制度が必要だ。この制度は、税収増につながり、クレジットカードの利用率を上げ、新しい仕事を作り出し、ひいては経済の発展に寄与するに違いない。

練習問題⓬　アウトライン表を使おう

次頁のアウトライン表を使って、10分以内で簡単なメモを作り、発表しましょう（時間制限あり、調査なしのエッセイ練習）。

アウトライン

序論

フックまたは序文 _____

ティーシス _____

本論

・議論 1

　　論点 _____

　　詳細 1 _____

　　詳細 2 _____

　　詳細 3 _____

・議論 2

　　論点 _____

　　詳細 1 _____

　　詳細 2 _____

　　詳細 3 _____

・議論 3

　　論点 _____

　　詳細 1 _____

　　詳細 2 _____

　　詳細 3 _____

結論 _____

練習問題⓭　短いエッセイを書こう

「理想の仕事環境」を題材に、下の条件を満たすエッセイを書きましょう（制限時間：30分）。

- 序論にフック、結論にリキャップがあること
- ティーシスを想起する接着文が各議論の最後にあること
- 自分の仕事の実情を盛り込むこと

第4章　6つの図を使って創造的に考える

練習問題⓮　◉「ドーナツ図」で考える

1. 自己紹介のドーナツ図を作りましょう。
   - 「自分」をトピックとして、ドーナツ図に書き込む
   - ドーナツ図に書かれた項目をグループ分けして、グループ名をつける
   - ドーナツ図を見ながら3分以内で終わる印象的な自己紹介をする

2. あなたが好きな人物をトピックにしたドーナツ図を作りましょう。

3. あなたの故郷の名物や特産物、または場所や文化などで、世界にアピールしたいものはありますか？　どんな点が優れていて、海外の人にも評価されると思いますか？　ドーナツ図を使って発想してみましょう。

4. 1～12月のなかからひと月選び、その月について説明するドーナツ図を作りましょう。

5. 5年後予想の課題です。「ロボット」をトピックとし、ドーナツ図を作りましょう。

練習問題⓯　「分類の図」で考える

1. 旅行の持ち物チェックリストを樹形図にまとめましょう。

2. 自分の職場や学校の組織図を作りましょう。

3. 自宅の各部屋の目的と、そこにある家具やものを分類の図で整理しましょう。

練習問題⓰ 　◎◎「比較の図」で考える

1. 飼いたいペットを2種類選び、比較しましょう。

2. 尊敬する人と自分を比較して、自分にできることを考えましょう。

3. ゴールデンウィークに行きたい場所を2カ所選び、比較の図で比べ、次に予算、時間、持ち物、宿泊、見所などを比較表で比較しましょう。

練習問題⓱ 　▷◁「リボン図」で考える

1. 「グローバル化」の原因と結果を図式化しましょう。あるトピックに限ってよい（例：農業のグローバル化、わが家のグローバル化など）。

2. 最近身近で起きた問題について、その原因と結果をリボン図にまとめましょう。

3. 2020年の「東京オリンピック」をトピックに、リボン図を作りましょう。

練習問題⓲ 　□□□「フロー図」で考える

1. 最近読んだ本や観た映画のあらすじを、フロー図にまとめましょう。

2. ニュース記事からひとつ選び、その出来事をフロー図にまとめましょう。

3. 日本史の有名な戦いをひとつ選び、その経緯をフロー図にまとめましょう。

練習問題⓳　〜〜「てんびん図」で考える

1. 「世界の成人年齢と成人式」を調べ、てんびん図にまとめましょう。取り上げるのは3〜4カ国でよい。

2. 第4章の恩田さんのエピソード（121ページ）をもとに、小説家を長距離列車の運転士になぞらえたてんびん図を作りましょう。

3. 自分の人生の節目を木の成長になぞらえて、てんびん図を作りましょう。

第5章　考える・まとめる・表現する

練習問題⓴　すべてのツールを使ってプレゼンしよう

エッセイ・トライアングルを使って、次の課題について、プレゼンしましょう。
　　課題：オンライン・ショッピングをシニア層に普及させるには？

この課題について発表するための原稿を、次の手順で作りましょう。

1. ドーナツ図を使って、オンライン・ショッピングの長所を挙げる。

2. 1の内容を同じ性質ごとに3つのグループに分け、グループに名前をつける。

3. それぞれのグループの「長所」として挙げた言葉を、シニア層にアピールできるか、比較表で考える。

4. アピールの文言の中から頻繁に登場する言葉や考え方を見つけ出し、文章化してティーシス文を作る。

5. ティーシス文→3つのポイントを説明する文章→ティーシス文の言い換えの順に構成し、プレゼン原稿を作る。

解答例
デジタル6章をご参照下さい。

練習問題㉑　総合問題：仕上げのエッセイを書こう

地球にあるエネルギーや資源は限られており、持続可能な未来のために、さまざまな研究や開発が進められている。その中から、海洋開発と宇宙開発を比較し、どちらを優先して開発すべきか論じなさい。ネットや書籍を自由に参照し、参考文献のリストもつけなさい（制限時間なし）。

解答例
デジタル6章をご参照下さい。

II部　本書で言及した参考資料

第1章　グローバル・コミュニケーションの土台を作る

◉ 1-1 言語学習は世界観を変える　（Speaking a second language may change how you see the world ）

　　http://www.sciencemag.org/news/2015/03/speaking-second-language-may-changehow-you-see-world

📀 1-2 2018 Lasker Foundation Essay Contest 最優秀賞

http://www.laskerfoundation.org/programs/lasker-foundation-essay-contest/essay-cancer-survivors-outstanding-advocates-trust-science/

📀 1-3 サンタクロースは実在するのか（Yes, Virginia, There is a Santa Claus）

https://www.wnyc.org/story/103271-yes-virginia/

📀 1-4 TEDに学ぶプレゼン術（TED speech: "The world's English mania" by Jay Walker）

https://www.ted.com/talks/jay_walker_on_the_world_s_english_mania

　TED（Technology Entertainment Design）は、世界規模で学術・エンターテインメント・デザインなど幅広い分野の素晴らしい講演会を開催している非営利団体です。参加費が非常に高いため、ごく一部の人しかその場に参加できませんが、その内容はインターネットで動画配信されており、世界中の人が無料で閲覧することができます。何十カ国もの言語に翻訳され、動画上でスピーチの記録を英語でも日本語でも参照できるので、話の構造を学ぶのに最適です。

📀 1-5 ドラマチック・ストラクチャー（Dramatic structure）

https://en.wikipedia.org/wiki/Dramatic_structure

📀 1-6 ミシェル・ド・モンテーニュの『エセー』

https://ja.wikipedia.org/wiki/%E3%82%A8%E3%82%BB%E3%83%BC

📀 1-7 デイヴィッド・ラッセル（David R. Russell）

http://www.public.iastate.edu/~drrussel/drresume.html

◉ 1-8　学術論文の書き方（Writing in the Academic Disciplines, Southern Illinois University Press; 2nd edition）

https://www.amazon.com/Writing-Academic-Disciplines-Second-Curricular/dp/B019NE464E

◉ 1-9　スティーブ・ジョブズのスタンフォード大学卒業生を送る言葉（Steve Jobs, Stay hungry. Stay foolish.）

https://www.youtube.com/watch?v=UF8uR6Z6KLc

　米国の大学の卒業式（Commencement）では、著名人が来賓として招かれます。アップル社の共同設立者のひとり、スティーブ・ジョブズ（Steve Jobs）は2005年にスタンフォード大学の卒業式の来賓として"Stay Hungry. Stay Foolish"で締めくくる有名なスピーチをしました。このスピーチは、簡潔な序論と、それぞれの議論にエッセイ・トライアングルを内包する本論で構成されています。

◉ 1-10　2017年卒業式スピーカーリスト（2017 Commencement Graduation Speakers List）

http://www.graduationwisdom.com/speeches/2017-commencement-graduation-speakers-list.htm

　2017年の有名大学卒業式来賓スピーチ一覧です。大学名をクリックすると、登山家、俳優、大企業の社長など有名人のスピーチが確認できます。

◉ 1-11　大統領ディベート史10の名場面（10 Memorable Moments in Presidential Debate History）

http://time.com/4036109/memorable-moments-presidential-debates/

　それぞれの名場面へのリンクがあります。

◉ 1-12　最高（と最悪）の大統領就任演説（The best [and worst] inaugural addresses）

https://www.usatoday.com/story/news/politics/onpolitics/2017/01/17/best-and-worst-

inaugural-addresses/96664320/
　リンクから演説の全文を参照できます。

◎ 1-13　ハンバーガー図（Hamburger Writing Graphic Organizer）
https://www.edrawsoft.com/hamburger-writing-model.php
　例文つきのハンバーガー図の解説ページ。カラフルなハンバーガー図をダウンロードすることもできます。

◎ 1-14　ショー・アンド・テル（Show and Tell 2025 – Environmental Sustainability – GetUp! Australia）
　　https://www.youtube.com/watch?v=8JeQuz2i2VY
　オーストラリアの子どもによる、持続可能な環境についてのショー・アンド・テル。非営利団体GetUp! Australia制作のビデオクリップです。

◎ 1-15　米国と日本でこんなに違う、驚くべき5つのエチケット（5 surprising etiquette differences between the US and Japan）
　　https://www.businessinsider.com/etiquette-differences-between-japan-and-us-2018-6#5-public-transit-rules-are-different-in-the-us-and-japan-5
　序論の中にエッセイ・トライアングルを内包するエッセイの例です。この例は、個人の主張より、物事の説明に重点が置かれるレポート型のエッセイのため、結論は省かれています。

第2章　エッセイ・トライアングルを装備する❶：序論とティーシスをまとめる

◎ 2-1　Wordcounterによるエッセイの説明（The Different Types of Essays）
　　https://wordcounter.net/blog/2017/01/12/102813_different-types-of-essays.html
　説話型、描写型、説明型、説得型のほか、10のエッセイのタイプを紹介しています。

● 2-2　EssayInfo Writing Guides のサイトによるエッセイの説明（Essay Types）

https://essayinfo.com/essays/

目的や性質ごとに細かくエッセイのタイプを分け、詳細な説明と例文を紹介しています。

● 2-3　フックの例（Sample Essay Hooks）

https://www.wikihow.com/Sample/Essay-Hooks

本文では日本語に訳してありますので、このリンクで原文を参照ください。

● 2-4　ティーシスの比較例（15 Thesis Satement Examples to Inspire Your Next Argumentative Essay）

https://www.kibin.com/essay-writing-blog/thesis-statement-examples/

本文では、このサイトにある15の例のうちのいくつかを日本語に訳してあります。原文ですべての例を参照ください。

● 2-5　パデュー大学によるティーシス三条件（Writing the Thesis Statement for a World Literature Paper）

https://onedrive.live.com/View.aspx?resid=9E1D26621EA2350E!730&app=PowerPoint&wdSlideId=280&wdModeSwitchTime=1533152722396&authkey=!ANPpRYCHIkoGHCE

ティーシスの三条件は、パワーポイントの説明の中で紹介しています。

● 2-6　パデュー大学オンライン・ライティング・ラボより「環境汚染」のティーシス作成方法（Developing Strong Thesis Statements）

https://owl.purdue.edu/owl/general_writing/academic_writing/establishing_arguments/index.html

◉ 2-7　インディアナ大学によるティーシス四条件（How to Write a Thesis Statement）

https://wts.indiana.edu/writing-guides/how-to-write-a-thesis-statement.html

本文中で「ハーブティ」としていますが、原文ではバナナハーブティです。他の例もあわせて参照ください。

◉ 2-8　解答例の引用部分

1. The Huffington Post（11/29/2016）. すでに私たちの日常に溶け込んでいるAI.

   https://www.huffingtonpost.jp/2016/11/29/ntt-ai_n_13281528.html

2. OMRON（2/1/2017）. モバイルロボットLDシリーズ.

   https://www.fa.omron.co.jp/solution/sysmac/topics/mobile_robot.html

3. IBM. AI Watson ビジネスのためのAI.

   https://www.ibm.com/smarterplanet/jp/ja/ibmwatson/

4. 現代ビジネス（10/27/2016）. IBMの人工知能「ワトソン」、医者が思いもよらぬ治療法を続々発見.

   https://gendai.ismedia.jp/articles/-/50067

5. IDEASITY（8/24/2017）. 機械・人工知能・AIが奪う、なくなる職業・仕事のランキング.

   https://ideasity.biz/jobs-replaced-by-machie-ranking

6. 野村総研（12/2/2015）. 日本の労働人口の49％が人工知能やロボット等で代替可能に.

   https://www.nri.com/-/media/Corporate/jp/Files/PDF/news/newsrelease/cc/2015/151202_1.pdf

7. 週刊現代（11/8/2014）. オックスフォード大学が認定　あと10年で「消える職業」「なくなる仕事」.

   https://gendai.ismedia.jp/articles/-/40925

第3章　エッセイ・トライアングルを装備する❷：本論と結論をまとめる

● 3-1　科学界の英語の普及について（The Language of［Future］Scientific Communication）
https://www.researchtrends.com/issue-31-november-2012/the-language-of-future-scientific-communication/

● 3-2　アメリカ心理学会（APA：American Psychological Association）
https://www.apa.org/

● 3-3　シカゴ式スタイルマニュアル（CMS：The Chicago Manual of Style）
https://www.chicagomanualofstyle.org/home.html

● 3-4　アメリカ現代言語学会による学術書出版のスタイルガイド（MLA：The MLA Style Center）
https://style.mla.org/

第4章　6つの図を使って創造的に考える

● 4-1　シンキング・ファウンデーション（Thinking Foundation）
https://www.thinkingfoundation.org/

● 4-2　ティーチング・シンキング・センター（Center for Teaching Thinking）
http://teach-think.org/

● 4-3　クリティカル・シンキング・ファウンデーション（The Foundation for Critical Thinking）
https://www.criticalthinking.org/

◐4-4 SWOT分析（Mind Tools "SWOT Analysis: Discover New Opportunities, Manage and Eliminate Threats"）

https://www.mindtools.com/pages/article/newTMC_05.htm

◐4-5 アルバート・ハンブレイ（Albert S. Humphrey）

https://en.wikipedia.org/wiki/Albert_S._Humphrey

◐4-6 人間は一度に4つの異なる事象について考えることができる（Live Science "Mind's Limit Found: 4 Things at Once"）

https://www.livescience.com/2493-mind-limit-4.html

◐4-7 マインドマップ（Mind Mapping: How to Make a Mind Map）

https://www.mindmapping.com/

◐4-8 NTTファシリティーズ　エンジニアリングの組織図

http://www.ntt-fe.co.jp/cms/wp-content/themes/nttipd/images/about/about_ipd.png

◐4-9 持続可能な開発（Path to sustainable development）

https://www.conceptdraw.com/examples/diagrams-for-sustainability-development

◐4-10 神奈川県庁「食物アレルギー緊急時対応マニュアル」（2017年10月版）

http://www.pref.kanagawa.jp/uploaded/attachment/910401.pdf

◐4-11 総務省「大規模災害発生時における消防庁のオペレーション」

http://www.fdma.go.jp/html/intro/form/oukyuu.html

第5章　考える・まとめる・表現する

● 5-1　パワーアシストスーツ、作業現場の"救世主"に（日経ビジネスオンライン 5/1/2017）

https://business.nikkeibp.co.jp/atcl/report/15/226265/042800117/

● 5-2　年間労働時間の推移（厚生労働省 11/2/2016）

https://www.mhlw.go.jp/wp/hakusyo/kousei/16-2/kousei-data/siryou/xls/sh0100-05-b6.xls

● 5-3　イラストで見る20のイノベーション代表例（内閣府）

http://www.cao.go.jp/innovation/action/conference/minutes/20case.html

● 5-4　今後10年で生まれる「未来の仕事」21選（フォーブスジャパン 12/23/2017）

https://forbesjapan.com/articles/detail/19085

● 5-5　現代のスマートフォン1台の性能（Your smartphone is millions of times more powerful than all of NASA's combined computing in 1969）

https://www.zmescience.com/research/technology/smartphone-power-compared-to-apollo-432/

● 5-6　サイモン・シネック（Simon Sinek）

https://en.wikipedia.org/wiki/Simon_Sinek

● 5-7　サイモン・シネックのTEDスピーチ「優れたリーダーはどうやって行動を促すか」（How great leaders inspire action）

https://www.ted.com/talks/simon_sinek_how_great_leaders_inspire_action/transcript?language=ja

🔘 5-8 トニー・ロビンズ（Successful people ask better questions, and as a result, they get better answers.）

　　https://www.brainyquote.com/quotes/quotes/t/tonyrobbin173239.html

🔘 5-9 ナギーブ・マフフーズ（You can tell whether a man is clever by his answers. You can tell whether a man is wise by his questions.）

　　https://www.brainyquote.com/quotes/quotes/n/naguibmahf377123.html

第6章　デジタル・メディアを活用する

🔘 6-1 ティーシス文作成の課題トピック集（40 Writing Topics：Argument and Persuasion）

　　https://www.thoughtco.com/writing-topics-argument-and-persuasion-1690533

🔘 6-2 賃貸 vs 購入　「住居費」はどっちがトク？（RECRUIT社 SUUMO サイト内記事）

　　https://suumo.jp/article/oyakudachi/oyaku/sumai_nyumon/hikaku/140730_1/

おわりに

🔘 C-1 コロンビア大学ALPのサイト（American Language Program, Columbia University）

　　http://sps.columbia.edu/alp

🔘 C-2 TESLの説明（Teaching English as a Second or Foreign Language）

　　https://en.wikipedia.org/wiki/Teaching_English_as_a_second_or_foreign_language

おわりに

インタビューで再確認した「エッセイ・トライアングル」の大切さ

　NYのアッパーウエストサイドにある、コロンビア大学の付属英語教育機関は、1912年に開設され、100年以上の歴史を持つAmerican Language Program（ALP）です。●C-1　留学前の1年間、日本の英会話学校に通い、上級クラスに進んだ私は、ALPでもきっと高いレベルのクラスに入れるだろうとタカをくくっていました。

　ところがクラス分け試験を受けてみると、結果は10段階のうち、レベル4a（中間段階にはa,b,cのレベルあり）。レベル1は英語力ゼロ、つまりアルファベットから学習するクラスですから4aは受験生の英語力としてはかなり下です。そこから大学院レベルの論文作成に特化したレベル10までの道のりは果てしなく遠く厳しく感じられ、もしかすると自分はこのままずっと英語だけを勉強しなければならないのかと心配でたまりませんでした。

　しかし、その心配はしだいに消えました。ALPの講師陣は皆スペイン語や中国語などの第二外国語をマスターしており、外国人の英語教育（TESL: Teaching English as a Second Language）を専門分野として、少なくとも修士課程を修了しています。●C-2　そのような語学習得の専門家が、よく練られたシラバスと興味深いトピックを軸に、グループ発表やインタビューといった学習者中心のプロジェクトを課題として、非常に効率的な学習を実践しています。

　また歴史や文化習慣を扱う題材やディスカッションも多く、言語と文化の深いつながりがわかるカリキュラムが組まれていました。ALPに所属していた期間、自分の英語レベルが学期ごとに着実に上がり、どんどん書きやすく読みやすくなるのが実感できました。これなら大丈夫かもしれない、がんばろうと思えるようになったのです。

　学び手のやる気を引き出し達成感を与えるこのような教育法に非常に興味を持った私は、大学院に入学し、教育系の団体を立ち上げてからも、と

きどきALPに遊びに行ってクラスを見学させてもらったり、講師陣に質問をしたりしていました。

さて、本書執筆中、留学時代に所属していたALPこそ自分の教育学の原点だったと懐かしく思い出しながら、ふとここ何年も訪問していないことに気づき、事務局宛にインタビューを申し込みました。最近の日本人留学生の傾向はどうなっているのか、最新の教育法はどんなものか、知りたくなったのです。

すでに私がお世話になった先生方は引退しており、インタビューに答えてくれたのは、プログラムと運営の統括責任者、マリー・ピケットさんでした。マリーさんは肩書きこそ責任者ですが、実際にクラスを受け持ち、長年留学生に英語を教えてきた英語教育のベテランです。

話はALPの歴史から、教育理念、現在使われているテキスト、デジタル技術を使った学習法まで、多岐にわたりました。そして私が最も知りたかった「日本人学生の英語と小論文にどんな特徴が見られるか」という問いに対しては、「最近の日本人留学生は、短い文章を書く傾向がある。ちょうどアイディア出しやメイン・アイディアの羅列に近く、それらを絞ったり組み合わせたりして、文章として磨いていく練習が多くの日本人留学生にとっていちばん重要だ」という答えが返ってきました。

この傾向は、初級から上級までレベルに関係なく見られ、高い英語力をもつ学生であっても同じこと。小論文を書いたり発表したりするときの話の構成法をまったく知らない日本人学生が多く、知識として知っていても、実際に書いたり話したりする訓練を受けていないことがよくわかるとのことでした。

これに比べて、中国の留学生は特にここ数年、事前にエッセイをしっかり勉強してくるとのこと。一般にアジアの学生は、ポイントを先に述べることが苦手な傾向があるのに、中国の学生だけは、すでに自国でエッセイ形式について学び、実際に書いたり話したりする訓練をしっかりと積み重ねているので、それを英語にするだけで、形式に沿ったわかりやすいエッ

セイを書くことができるのだそうです。彼らの語彙や文法の力は日本人や他のアジアの留学生とほぼ同じレベルなのに、表現法が理にかなっているために高く評価されている印象もあるとのことでした。これはまさに本書を書く意味を聞かせてもらったのだと思いました。

　どんなに語彙や文法の力があっても、理にかなった形で使っていないために評価されないというのは、非常にもったいないことです。本書を読んで、まずは母国語で「アイディアが先、詳細が後」という話の進め方の基本を身につけ、エッセイ形式で文章を書けるようになれば、それだけでグローバル・コミュニケーションの土台ができたことになります。
　たったそれだけで？　と思われるかもしれませんが、その効果はてきめんです。「エッセイ・トライアングル」に沿った表現方法を自分の英語力と組み合わせれば、留学先や駐在先、あるいは国内で海外とのやりとりをするときに、今までの何倍も相手に通じる話ができるようになります。

　読者のみなさんの実力が向上し、日本から発信される素晴らしいアイディアや研究が、より正確かつ迅速に、世界の隅々に届きますように。

謝辞

　本書執筆にあたり、多くの方の温かいご支援ご協力をいただきましたことをここに深く感謝します。エッセイ・トライアングル構想を応援してくださった、コロンビア大学ALPのパトリック・アクリィーナ講師、デイヴィット・コーエン講師、親身に指導してくださったリンダ、キム、ジェーン、ジョン各先生方、インタビューに応じてくださったマリー・ピケット統括責任者、協同学習をご教示くださったコロンビア大学教育者大学院のロバート・ペース教授、総合的な教育に大きな示唆をくださった同大学院のリー・ポゴノフスキー教授、図で考える教育についてご指導いただいたシンキング・ファウンデーションのデイヴィット・ハイアリー博士、脳神経科学と教育についてご示唆をいただいたコーネル大学のキンバリー・ウイリアムズ博士、構想とアイディアに的確なアドバイスをくださった佛教大学の篠原正典教授、考える図の試用に快くご協力くださった伊藤寛氏、執筆を励ましてくれた多くの方々、そして構想から出版まで辛抱強くお付き合いくださったNTT出版の宮崎志乃氏、みなさまに心から感謝の意を表します。

［著者紹介］

大庭コテイさち子 (Sachiko Oba-Coté)

教育研究家。コロンビア大学教育者大学院修了（芸術学修士・教育学修士）。全米音楽教育者連盟・全米科学教育者連盟会員。1990年よりニューヨーク在住。米国政府認可非営利団体American Associates of the STS forum（AA-STS）事務長。元米国政府認可非営利団体キッズスペースファウンデーション代表。
世界173カ国から30万組以上の親子が参加する教育サイト「キッズスペース」を運営し、教育コンテンツのパイオニアとしてインターネットの平和的・教育的利用の可能性を示したことにより、米国、日本、イギリス、スウェーデン、イタリアなど各国で表彰される（1995-2010）。同サイトの教育コンテンツはそのグローバル性と安全性が評価され、世界中の小学校の授業で活用された。
現在はAA-STSの運営とともに、「エッセイ・トライアングル」にもとづくロジカルな表現技術、クリエイティブ・シンキングをテーマに執筆・講演活動を行っている。
主な著書に『考える・まとめる・表現する：アメリカ式「主張の技術」』（NTT出版）、『思考力・構成力・表現力をきたえる はじめてのロジカルシンキング』（全4巻、偕成社）など。
著者サイト：http://www.global-thinkers.com/

ロジカルに伝える技術
コミュニケーションの必須ツール「エッセイ・トライアングル」を装備しよう

2018年12月5日　初版第1刷発行

著　者　　大庭コテイさち子
発行者　　長谷部敏治
発行所　　NTT出版株式会社
　　　　　〒141-8554　東京都品川区上大崎3-1-1　JR東急目黒ビル
　　　　　営業担当　TEL 03（5434）1010　FAX 03（5434）1008
　　　　　編集担当　TEL 03（5434）1001
　　　　　http://www.nttpub.co.jp

装　幀　　松田行正＋杉本聖士

印刷・製本　株式会社 光邦

©Sachiko Oba-Coté 2018　Printed in Japan
ISBN978-4-7571-2374-8　C0034
乱丁・落丁はお取り替えいたします。定価はカバーに表示してあります。